¿ES ESTADOS UNIDOS UN PAÍS RACISTA?

José Luis Pozo Fajarnés

¿ES ESTADOS UNIDOS UN PAÍS RACISTA?

José Luis Pozo Fajarnés

PRÓLOGO
LA RAZA, EL INVITADO INCÓMODO

Pedro Fernández Barbadillo

EPÍLOGO
EL RACISMO EN EL CINE DE HOLLYWOOD

Miguel Ángel Navarro Crego

Diseño de cubierta: Daniel Sotelo

Dedicado a Mercedes, mi esposa, que se preocupa por mí y de que lo que escribo tenga un estilo más adecuado.

La publicación de este texto no habría sido posible si mi querido amigo David no se hubiera empeñado en ello. Él fue su impulsor y el que no ha dejado de estar atento a mi trabajo desde la primera frase que escribí. Por eso escribo estos renglones aquí, como acto de sincero agradecimiento.

Índice

Prólogo: La raza, el invitado incómodo, por
Pedro Fernández Barbadillo 11

Prefacio..................17

I. Lo anglosajón como característica
fundamental de una raza superior..................27

II. El protestantismo como fuente del racismo
anglosajón 75

III. Las ciencias y la filosofía como fuente del
argumentario del racismo WASP..................137

IV. El Racismo WASP tira balones fuera, y
los infames tragasables son su comparsa 223

Conclusiones 245

Epílogo: El racismo en el cine de Hollywood,
por Miguel Ángel Navarro Crego 249

Prólogo

La raza, el invitado incómodo

De nuestra sociedad moderna, higiénica y sostenible se han eliminado diversos hechos de la realidad: la enfermedad, el dolor, la muerte, la guerra, la existencia de enemigos de la comunidad política, la espiritualidad, la religión, la belicosidad, la raza, la clase social... Una consecuencia de este desarraigo, que puede compararse a una lobotomía social, es el aumento del consumo de todo tipo de medicamentos para tratar de acallar el malestar de unos cuerpos que se duelen porque les han arrebatado el alma.

Pero la realidad, los instintos, los gemidos y dolores de parto que sufre toda la creación, incluidos los hombres, como escribió San Pablo, son inocultables. Y a ellos responde el Poder con argucias y mentiras. Contra la enfermedad y a la soledad, se propone la eutanasia. La protesta social se impide mediante subsidios y televisión. La fealdad y la frustración del mundo actual se disimulan con viajes baratos y bonitas palabras estilo *coliving* o *coworking*. Y la trascendencia se consigue mediante la renuncia a tener hijos para salvar el planeta de la devastación. Sobre las ciudades multiculturales divididas en barrios según razas u orígenes nacionales y luego convertidas en campos de batalla cae la censura de la prensa. Y para que aceptemos nuestro destino convierten en estrellas mediáticas a profetas del pesimismo como Paul Ehrlich y Yuval Noah Harari.

En un momento en que aparece claro como el agua que el mundo, al menos el occidental, está controlado por unas élites que se entienden por encima de sus pasaportes, de sus idiomas natales y de sus culturas, y cuyo objetivo es alumbrar un «hombre nuevo» separado de todo lo que antes se consideraba dado, como la identidad, los orígenes y la biología, cabe preguntarse qué sentido tiene recordar el racismo de los anglosajones que colonizaron Norteamérica y fundaron Estados Unidos, como hace José Luis Pozo Fajarnés en este libro.

Primero, porque es verdad, y la verdad siempre es buena para el hombre. Inmuniza contra la mentira y la manipulación. La Corona española seleccionaba a quienes pedían pasar a Indias y en casi trescientos años sólo se envió allí a un único preso, a Fernando Valenzuela, valido de Carlos II, cuando cayó en desgracia. En cambio, el Gobierno de Londres empleó sus colonias como destino de delincuentes políticos y sociales. Benjamín Franklin escribió que los pobladores de las trece colonias deberían enviar a Inglaterra serpientes de cascabel en pago por la cantidad de deportados que recibían de la metrópoli. Los barcos con condenados en sus bodegas arribaron a Australia hasta 1866. ¿Vamos a aceptar los hispanos de Europa y América que nos traten con condescendencia quienes descienden de semejante tradición?

Y segundo, porque nos ayuda a comprender nuestro mundo. No es que los nativos americanos ni los africanos, ni los japoneses y los chinos, estuvieran libres del racismo, del desprecio a sus semejantes por el color de su piel o su aspecto o cualquier otra diferencia, pero al menos no predicaban la igualdad, la tolerancia ni la democracia. Ya se quejó Agustín de Foxá de la "obsesión anglosajona... de llamar tirano a todo el que no sigue fielmente los postulados de la política de Londres". Estados Unidos es todavía la superpotencia que dirige el mundo para beneficiar a la élite que lo gobierna a espaldas de sus ciudadanos (como comprobamos en el sabotaje permanente al presidente Donald Trump y en la incapacidad física y mental del presidente Joe Biden, supuesto líder del mundo libre), y el racismo es uno de los elementos que componen su visión del mundo. Les sobramos y por ello promueven el despoblamiento, la esterilidad y la resignación. Nos quieren sólo como criados, mano de obra y consumidores, y en las cantidades que pueden manejar, y por ello no les importa promover la sustitución de la población anglosajona con la que se podrían identificar por su común origen, por hispanos, vietnamitas, árabes, pakistaníes o nigerianos.

Lo mismo ocurre con la religión de los *inferiores*. Durante la campaña electoral de 1960 que concluyó con su victoria al cargo de presidente, el senador John

F. Kennedy le confesó al embajador español que en Estados Unidos, entonces aún de mayoría protestante en la fe y las costumbres, las demás religiones, sobre todo la católica, habían sido aceptadas "de mala gana". En la película *El buen pastor*, un mafioso italiano interpretado por Joe Pesci le pregunta por su arraigo al protagonista, un graduado de una de esas universidades de la Ivy League, miembro no sólo de la CIA, sino también (y desde antes) de una sociedad secreta: "Nosotros los italianos tenemos a nuestras familias y a la Iglesia; los irlandeses tienen su isla; los judíos, sus tradiciones; y los negros, su música; pero usted y su gente, ¿qué tienen?". Y Matt Demon responde: "Los Estados Unidos. Todos ustedes están de visita". Esta oligarquía, que desprecia a su propio pueblo por clasismo y por motivos raciales, es la que promueve todas las locuras y aberraciones que se expanden por el mundo.

Estados Unidos es el país en el que más gente desea vivir, "el centro de atención de los ojos del mundo", según Paul Johnson. Por ello debemos conocer su lado oscuro, y éste, al contrario de lo que aseguran los informativos de las televisiones, no lo encarnan los padres que llevan a sus hijos al instituto en una furgoneta en la que guardan una pistola en la guantera, sino los sofisticados vecinos de las ciudades de las dos costas que pretenden planear nuestro futuro mientras comen una ensalada ecológica. Y la convicción de su superioridad se encuentra, aparte de en sus inmensas fortunas y su poder, en la herencia de

Cromwell, de Isabel I y de Francis Drake, de la ruptura con Roma, y del comercio como objetivo superior de la civilización.

Pedro Fernández Barbadillo

Prefacio

En sus «Notas sobre el Estado de Virginia», Jefferson llega a afirmar que es natural el juicio de los negros a favor de los blancos de la misma manera que es evidente la preferencia del orangután por la mujer negra sobre las hembras de su propia especie (María E. Roca Barea –citando el libro de Gregory Michael Dorr «Segregation's Science»–, *Fracasología*, p. 261)

Estados Unidos es una nación que se constituyó como tal a raíz de su *Declaración de Independencia* de Inglaterra, en el año 1776. Con esta declaración se hicieron soberanos de unas colonias que hasta ese momento habían sido dependientes del Reino Unido. Podemos decir que con ello los estadounidenses inauguraron lo que se les suele atribuir a los franceses, tras hacer su revolución en 1789, ya que aquellos fueron los primeros en organizarse como nación política. Una nación en la que la soberanía es de todos los ciudadanos, y no solo de uno o de una parte de los que en ella viven. En pocas palabras, una nación política tiene como definición que la población que en ella habita por derecho propio es soberana.

Pero afirmar la «soberanía de todos los ciudadanos» es afirmar demasiado. Los ciudadanos estadounidenses no tienen repartida esa soberanía de modo equitativo, podríamos decir también, de modo justo. No fue así al principio (ni los indios que encontraron en el nuevo territorio al que llegaron, ni los negros que demandaron para trabajar, fueron considerados ciudadanos con los mismos derechos que ellos) Y no lo es tampoco a día de hoy, a pesar de los grandes cambios que ha habido en los últimos sesenta años. Esto se comprueba atendiendo tanto a la historia de los Estados Unidos (con la esclavitud, el segregacionismo, el exterminio de poblaciones indígenas, los conflictos raciales, etc.), como a las personas que han conformado sus elites en los últimos doscientos cincuenta años. Élites caracterizadas por ser blancas, anglosajonas y protestantes (en inglés WASP: White, Anglo–Saxon and Protestant). Y esto tiene varias implicaciones que son las que nos interesan aquí. De ahí la pregunta que hacemos en el título de este libro: ¿Es Estados Unidos de Norteamérica un país racista? El racismo puede darse de los límites fronterizos hacia afuera y de los límites fronterizos hacia adentro. A nosotros nos interesa esta segunda cuestión, pues la primera se verá confirmada sin argumentos añadidos.

Para comenzar, deberemos delimitar los márgenes en los que se da el racismo en Estados Unidos, desechamos que la nación estadounidense sea racista como si de una sola entidad se tratase. Esto no es así, y además, sería absurdo plantearlo de ese modo. Todo el que haya nacido en Estados Unidos, y solo por ese hecho, no tiene por qué ser racista. Además, lo que nosotros nos proponemos con este escrito es poner en claro si esto se da, si en el seno de esta gran nación hay actitudes racistas, y si las hay, quiénes las ejercen, por qué las ejercen, y hacia *quién* están dirigidas. Ese *quién*, será el que sufre por tales actitudes, y por lo mismo no podrá ser racista en los mismos términos. Así pues, nuestro propósito es responder a estas preguntas después de analizar la dimensión anglosajona, protestante y blanca que constituyen la matriz de los Estados Unidos como nación política[1].

Llegados a este punto es pertinente expresar lo que queremos decir con «racista». Pero clarificar qué puede expresarse con ello amerita toda una teoría que irá desglosándose según vayamos desarrollando nuestros argumentos, aunque reconocemos que su expresión definitiva solo podrá darse más adelante, cuando pongamos negro sobre blanco las bases científicas del racismo, pero eso lo llevaremos a cabo en el apartado III, el que lleva por título *La ciencia como fuente del argumentario del racismo anglosajón*. Con todo, podemos traer aquí una definición de diccionario, eso sí, teniendo en cuenta que la definición que vamos a leer tiende más bien a oscurecer lo que implican unas ideas tan controvertidas como las de raza o racismo.

El racismo se define de este modo (la fuente que hemos elegido es la RAE: la Real Academia Española): «Creencia que sostiene la superioridad de un grupo étnico sobre los demás, lo que conduce a la

---

[1] En el famoso texto de Samuel P. Huntington *El Desafío Hispano*, se presenta esta matriz de modo implícito, y se augura una muy delicada situación actual de la misma y una peor situación en el futuro.

discriminación o persecución social». Como no puede ser de otra manera, si queremos hablar de racismo tendremos que operar con el término «raza», esto es algo insoslayable. La dificultad con la que nos vamos a encontrar es que, desde el holocausto, la palabra «raza» ha desaparecido de las distintas lenguas, aunque no en todos los contextos. No hablamos habitualmente de razas, respecto de los humanos, pero sí cuando nos referimos a los animales: hablamos de razas de perros o de razas de gatos, etc. Este ámbito de referencia es el más habitual, pues, al menos las dos mencionadas conviven con nosotros. Sin embargo, en este texto, en el que va a haber referencias históricas, políticas, científicas, etc., tendremos que hacer uso del término, en pro de la claridad expositiva. Eso sí, procurando no herir sensibilidad alguna.

Todavía no hemos definido qué sea el racismo. Para clarificar qué entendemos por ello no incidiremos en su amplia expresión, sino en la descripción de los comportamientos y el modo de entender el mundo entorno de los que tienen y han tenido actitudes racistas. Y pese a saber que, ni en la actualidad ni históricamente, son y han sido los únicos. Nuestro interés por denunciar el racismo no es global, solo se focaliza en el mundo anglosajón, por su papel capital en la estructuración del Mundo desde hace más de dos siglos. Y, en la actualidad, en las élites anglosajonas que están a la cabeza de los Estados Unidos de Norteamérica desde su constitución como nación política. Teniendo en cuenta que, para ello, deberemos rebuscar las raíces históricas de esa actitud que les caracteriza.

En los Estados Unidos habitan hombres y mujeres que, pese a la igualdad que disfrutan por ley, son entre sí diferentes en algunos aspectos, entre los que destacaremos ciertas diferencias físicas y culturales. También tendríamos que tener en cuenta las diferencias entre los nacidos de padres estadounidenses y los que llegan al lugar a través de sus fronteras, sobre todo la que tienen al sur, con México. Es, a través de esa frontera, por la que llegan a su territorio una inmensa cantidad de inmigrantes ilegales. Estos últimos son todos ellos hispanos, que hablan en español de México o en el español de otras naciones de las que son oriundos.

A lo largo de estas páginas vamos a centrarnos, sobre todo, en esto último, en lo expresado por las diferencias que se dan entre los hispanohablantes que están llegando desde hace décadas a los Estados Unidos, algunos de ellos como estadounidenses legales. También en sus descendientes que en algunos casos son estadounidenses de nacimiento, lo que no es óbice para que sean asimilados a los que ilegalmente cruzan la frontera señalada. Todos ellos tienen en común diferencias físicas, que pueden ser muy marcadas o no, pero lo que sobre todo les diferencia del crisol de los que ya habitan en esa nación, es el idioma, además de la cultura hispano–católica que este incorpora.

Los Estados Unidos han priorizado los tres componentes ya mencionados, con los que querían definir el ciudadano ideal de la nación que estaban construyendo desde 1776, año de la independencia de los colonos respecto del Reino Unido. Los tres componentes que componían la matriz de los EE.UU. eran los que diferenciaban a la mayoría de los que habían arribado a las costas norteamericanas desde distintos lugares europeos: eran blancos, anglosajones y de diferentes doctrinas protestantes (WASP). Aunque respecto de este último factor, debemos destacar que el modo protestante más habitual en todos ellos es el que deriva del calvinismo, por los motivos que irán desgranándose. Así pues, estos tres componentes son los que han marcado una idiosincrasia: la de los dirigentes de un territorio que se hizo nación y que se consolidó como el hegemón global en detrimento de las potencias europeas que dejaron de serlo, tras las dos guerras mundiales en el siglo XX.

Este devenir se ha dado en solo cuatro siglos, los que han pasado desde la llegada de los primeros colonos, la inmensa mayoría de ellos de religión protestante, de color de piel blanca y descendientes de los pueblos que derivaron en la denominación de «anglosajones». Sus tradiciones, su historia, su religión y su desarrollo industrial, científico y social han llevado asociado un *modus vivendi* no solo de ellos sino de todos los que fueron llegando en grandes oleadas desde los otros continentes, y que derivó en que se llevara a cabo una clasificación racial, y la consiguiente segregación en muchos casos. Los más de cuatrocientos años de historia, transcurridos desde la llegada de los puritanos ingleses a las costas del noreste de Norteamérica, han descrito diferentes situaciones, que aquí vamos a tener en cuenta para nuestro propósito, que no es otro que el de responder a la pregunta titular de este libro: *¿Es Estados Unidos un país racista?* Los distintos momentos históricos que han ido definiendo las transformaciones sociales que a día de hoy se han plasmado en los actuales Estados Unidos de Norteamérica, han dependido en gran medida del carácter religioso de esos anglosajones que fueron y siguen siendo los que han dominado en todo momento la política de los Estados que fueron conformándose y asociándose, hasta configurar los Estados Unidos de hoy día con sus derivadas éticas y morales. Por ello, cuando atendamos a los relacionados con lo social e histórico, lo religioso también tendrá que considerarse, sin perjuicio de que dediquemos un apartado importante al análisis de las bases protestantes de la ideología del racismo. Y lo mismo sucede con otro de los momentos fundamentales de nuestro discurso, las bases científicas que apuntalaron durante más de un siglo las razones de los racistas norteamericanos, que por otra parte son las mismas que fueron puestas en práctica en otros lugares del orbe. El ejemplo más destacado es el del racismo nazi, pero en el mundo se han dado otros modos que podemos denominar racistas –aunque sea de un modo extemporáneo– que no pueden ser dejados de lado, por ejemplo en territorios orientales. Aunque ese análisis desborda lo que pretendemos con este texto.

De modo que ya sabemos cuál va a ser la estructura de nuestro ensayo, para con ello responder a la pregunta de su título. A tal efecto, analicemos cada uno de elementos que componen la matriz de los Estados Unidos como nación política:

1) El Anglosajón: la atención a cuestiones sobre todo de índole históricas, que van a partir de la consideración de lo anglosajón como supuesta superioridad respecto de otros grupos étnicos (raciales; este término es abundante al tratar de estas cuestiones, pues como hemos señalado el término raza fue expulsado, sobre todo del lenguaje mundano, tras la Segunda Guerra Mundial), pero también nacionales, en el mismo sentido que el anterior, pues nos referiremos a nacionalidades étnicas.

2) El Protestante: de la consideración del modo de entender a este heterogéneo grupo humano, pero que tiene en común una moral, además de su relación con Dios, pues una y otro han regido y rigen su actividad, y que nosotros reconocemos como lo que deriva del modo en que el cristianismo protestante ha marcado las pautas de comportamiento de los que estaban y están bajo su influencia, incluso de los que pueden ser considerados ateos (nosotros diríamos que son «ateos protestantes» pues su modo de hacer no puede desvincularse del modo de hacer de la tradición arraigada en su sociedad).

3) El Blanco: de las afirmaciones que las ciencias, a partir sobre todo del siglo XIX en el que se consolidaron las ideas evolucionistas y del racismo científico en ellas implicado, pues sus postulados parecían ajustarse a la discriminación que algunos hombres querían llevar a cabo en pro de sus intereses más abyectos.

Estas tres cuestiones van a ser las que ordenan los cuatro apartados en que organizamos este texto, aunque, tal y como hemos señalado, no sean compartimentos de argumentación estanca, pues los tres temas están conectados de modo muy marcado en algunos momentos de sus distintos desarrollos.

I. Lo anglosajón como característica fundamental de una raza superior

Nosotros no aportamos ningún tipo de compensación [...]. Inglaterra no ha construido Iglesias ni hospitales ni palacios ni escuelas ni puentes ni carreteras ni canales navegables ni represas. Cualquier otro conquistador anterior ha dejado algún monumento tras él. Si nosotros fuéramos expulsados de la India nada quedaría para testimoniar nuestra presencia durante el ignominioso periodo de nuestro dominio en nada mejor que el dominio de un orangután o un tigre. (Fragmento del discurso que Edmund Burke dio en el Parlamento británico, el 1 de diciembre de 1783).

1. Britania tras la caída del Imperio romano

Tras la caída del Imperio romano de occidente, en el siglo V de nuestra era, los territorios dejarían de tener el control de la metrópoli. Pero hasta que esto sucediera se dieron una serie de circunstancias que desconocemos. Esto ha derivado en que haya dos teorías diferentes sobre lo que pudo suceder en la Britania romana. La primera es que la inestabilidad que sufría el Imperio romano de occidente, en los años previos a su caída, hizo que se retiraran tropas del interior del Imperio para dirigirlas a los puntos de penetración de los bárbaros. A partir de esta explicación, solo habría que considerar la demolición del orden imperial para expresar el de la Britania romana. Sin embargo, algunos historiadores inciden en una versión algo diferente, pues no ponen el acento en ese traslado de tropas desde puntos lejanos como pueda ser Britania, sino que aseguran que la situación de Britania ya era inestable previamente a las invasiones bárbaras que abocaron a la destrucción de Roma y a la caída del Imperio. En palabras del historiador Michael Jones en su libro *The End of Roman Britain*: «fue Britania la que abandonó a Roma». Se rebeló por haber sido abandonada por la ciudad imperial. La caída del Imperio romano no fue un hecho aislado sino que se estaba fraguando lentamente, debido a que la administración del Imperio en las últimas décadas de su existencia había sido una tarea exenta de eficacia.

El caso es que, por un motivo u otro, la Britania romana, como todas las demás provincias del Imperio dejo de existir como tal. Esa nueva situación de inestabilidad y de indefensión, dado que no había legiones romanas que pudieran controlar sus puertos de entrada, derivó en que pudiera darse la penetración de las tribus bárbaras. Y eso es lo que sucedió. De manera que esas tribus bárbaras, que no habían sido nunca romanizadas, fueron tomando posiciones en lo que Roma había denominado como Britania (aunque el nombre es una derivación del griego, pues

Pretanniká Nesiá era el nombre con el que los helenos se referían a las islas), y a la que le había ofrecido lo mismo que a los demás territorios conquistados: la civilización y la paz romana.

2. La penetración de las tribus germánicas

Previamente a la caída del Imperio romano, Britania estaba poblada por pueblos británico–romanos y por otros de origen celta que habían aceptado el control de los primeros. La penetración fue, sobre todo, de tres tribus germanas procedentes de lugares hoy día pertenecientes a Holanda, Dinamarca y Alemania: los anglos, los sajones y los jutos. Pero no solo estas, pues también accedieron a ella, aunque en menor medida, tribus de frisones y francos (hoy día, sin embargo, hay dudas de que estos últimos arribaran a las costas británicas).

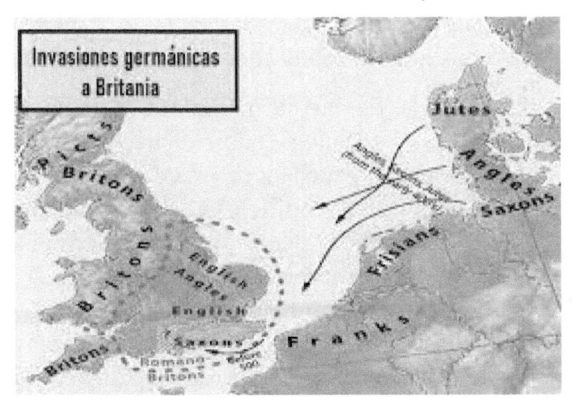

Tras bordear la costa de lo que hoy es Holanda, estas tribus cruzaban el estrecho que separa los territorios de las actuales Francia e Inglaterra. Esto lo hacían a bordo de unas embarcaciones largas y estrechas con catorce remos a cada lado. Debían bordear las costas holandesas debido a que estos pequeños barcos no tenían velas y no eran adecuados para salir a alta mar. Estos guerreros bárbaros podemos describirlos físicamente por su gran fortaleza muscular y por una altura mayor de la media, además de por sus cabellos rubios y por el color de ojos azul. Esos caracteres describían sobre todo a los anglos y los sajones, el resto de tribus, de las que los jutos eran la más numerosa, no eran tan fuertes como aquellos.

En la Britania en la que penetraron estas tribus ya había desaparecido la lengua hablada por los celtas, pues estos habían sido romanizados, de modo que los únicos vestigios de ella serán algunos nombres que aún se mantienen: Támesis, York, Kent, Devon, Londres, Exeter, etc. En muy poco tiempo, tras el *abordaje* bárbaro, el latín no tardó en desaparecer y la lengua galesa fue desplazada hacia los menguados lugares a los que las tribus conquistadoras no llegaron.

La llegada de las primeras tribus bárbaras se debía a que previamente se había contactado con ellos para que hicieran de luchadores mercenarios, pues los britanos tenían graves conflictos con los habitantes del norte de la isla, con los guerreros pictos. Pero una vez que estos fueron derrotados, los mercenarios decidieron quedarse en una zona que consideraban les era propicia a ellos mismos. Para hacerse con ella, solo hubieron de derrotar a los que los habían contratado, algo que consiguieron en pocos años con todo éxito. Los jutos conquistaron la parte sur de la isla, pero su hegemonía en esos lugares decayó y pasó en pocos años a las manos de los anglos y los sajones. A principios del siglo VI estos últimos eran los dueños de lo que previamente pertenecía a los britano–romanos desgajados del Imperio que había dejado de ser.

Los jutos provenían de Jutlandia, en la actual Dinamarca moderna. Los sajones, de la Baja Sajonia, hoy situada entre Alemania y los Países Bajos. Y la procedencia de los anglos era una zona denominada *Anglia*, que está situada, a día de hoy, en Alemania. El nombre de Inglaterra es por tanto debido a esta tribu. En el inglés originario que hablaban los anglos y los sajones el nombre que le dieron a la tierra conquistada fue el de *Engla land*.

Los años de conquista bárbara del territorio britano romanizado que transcurrieron entre los siglos V y VI, se han denominado como la «Edad Oscura». Esta denominación se debe a que es muy poco lo que se sabe de lo que ocurrió. De lo que no hay duda es de lo que ya hemos señalado, que llegan a su fin con un dominio total de la zona por parte de las tribus de anglos y de sajones. La cultura celta previa a la romanización y que todavía prevalecía en algunos lugares de la Isla, también quedó anulada salvo en pequeños reductos del occidente de la isla. La mayoría de los supervivientes celtas hubieron de huir a través del océano, arribando a costas escocesas, irlandesas, francesas y españolas.

A partir de esos pequeños reductos surgieron algunos reinos celtas, los cuales pudieron fundar su organización en las estructuras romanas que habían desaparecido pero cuya influencia pudo mantenerse. Empero, esto no es seguro y algunos especialistas afirman que la influencia en estos reinos fue sobre todo en la parte que nunca se romanizó de Irlanda. Los que lograron escapar a través del océano arribaron a las costas del continente. Unos, a lo que hoy se conoce con el nombre de Bretaña en Francia. Otros a la actual región de Galicia, situada en el noroeste de España. Al parecer el camino ya había sido abierto por migraciones previas desde ese mismo origen, realizadas desde principios del siglo IV, por lo que la huida de los celtas y britanos pudo haber sido facilitada por haberse hecho previamente ese mismo recorrido.

3. La leyenda artúrica

El período concluirá con una supremacía absoluta de lo anglosajón, y con la desaparición de lo que quedaba de las culturas celta y romana. Y como solo hay unas pocas fuentes históricas que narren lo que allí sucedió durante esas décadas, la mitología ha sido la que ha ocupado el lugar de los relatos, apoyándose en las reliquias conservadas. La imaginación, por tanto, ha sido la que ha llenado el vacío histórico con esas fábulas conocidas de un modo u otro por todo el mundo civilizado y que tienen como protagonista al personaje central del rey Arturo.

Alrededor del año 500 de nuestra era, un romano–britano, de nombre Ambrosio Aureliano, derrotó a los sajones en la batalla del Monte Badon. Esta batalla procuró una victoria que retrasaría el control anglosajón de los territorios, pero como todos sabemos no tuvo relevancia histórica. Sin embargo, tuvo gran importancia para el relato mitológico, pues en el acervo legendario del rey Arturo, la batalla señalada es uno de los más importantes logros de este rey. Esto ha llevado a considerar que la personalidad mítica del mismo se deriva del personaje real más arriba señalado. Que incluso el logro que implicó tal victoria fuera el detonante de la narración mitológica. Lo que al parecer se baraja en la actualidad es que el periodo en que se dio la batalla del Monte Badon coincide con cierto repunte efímero de la Roma imperial, con Justiniano. Poco después, a mediados del siglo VI desaparecería toda posibilidad de revertir la civilización romana en Britania, pero también en toda Europa. La impronta quedaría reducida a la Iglesia que tendría su epicentro en Roma.

Los relatos britanos a partir de los cuales se ha ido elaborando la leyenda artúrica y los sucesos de ese periodo son solamente cuatro:

– la *Confessio* de San Patricio, en la que este santo desarrolla una narración llevada a cabo durante los años que pasó cautivo en tierras irlandesas.

- El texto de san Gildas *De Excidio et Conquestu Britanniae* (En torno a la ruina y la conquista de Britania). No hay muchos datos históricos en este texto escrito a principios del siglo VI, aunque se hace referencia a Ambrosio Aureliano, el personaje que pudo dar origen a la leyenda artúrica y a la batalla ganada por él en el Monte Badon.

- El *Libro de Aneirin* del bardo Aneirin, que incluye el poema «Y Gododdin»; En este poema se relata la batalla de Catraeth (en la actual Yorkshire) en los primeros años del siglo VI. En el texto se mencionan muchos de los personajes que luego compondrán el elenco de la leyenda artúrica, entre ellos el propio Arturo y el mago Merlín.

- Los versos del bardo galés Taliesin. Se especula que pueda ser el mismo mago Merlín bajo otro nombre o seudónimo.

También hay algunas fuentes externas a las britanas de la época, realizadas en el territorio del continente. La más conocida es la contestación dada por el emperador Honorio a la petición de ayuda de los britano–romanos. En el rescripto del emperador, comunicaba a los ciudadanos romanos de la isla que debían defenderse de las hordas bárbaras por sí mismos. El texto se perdió y solo se sabe de él por el historiador Zósimo (aunque se pone en duda que el rescripto fuera dirigido a los britanos, y que Zósimo se refería a un texto del emperador dirigido a Calabria

(Bruttium) y no a Britania). Además de esta primera, que es la más relevante, tenemos la *Crónica Gala*, que tan solo nos da razón de las visitas de San Germano a Britania y la obra del bizantino Procopio, que en el siglo VI se refiere, en algunas ocasiones pero de forma poco fiable, a los sucesos ocurridos en lo que había sido Britania. En el siglo VIII, encontramos los escritos de san Beda que no aportan nada a lo que puede leerse en san Gildas. Todo lo que posteriormente se escribe sobre ese periodo está contaminado por el mito que ya estaba tomando cuerpo.

4. El dominio anglosajón

Tras las «escaramuzas» de los antiguos britanos y de los celtas se consolidó la conquista anglosajona. La soberanía que estos ejercieron en la isla duró casi quinientos años: desde el comienzo de su dominio en la isla, en el siglo VI, una vez terminada la edad oscura a la que nos hemos referido, hasta que la llegada de una nueva oleada de gentes del norte del continente, que fue la que acabó por arrebatarles el control del lugar. La suerte de los anglosajones fue que estos nuevos conquistadores no tuvieran el afán de exterminio que ellos habían demostrado con los predecesores. Estos nuevos conquistadores fueron los normandos. Pero antes de incidir en lo que supuso esta trasformación sociopolítica en *Engla land*, es preciso que nos detengamos en esos cerca de quinientos años en los que esas tribus bárbaras, los anglos y los sajones, tuvieron el control de la isla (como ya hemos unificado los dos grupos étnicos, vamos a seguir refiriéndonos a ellos de ese modo, como «anglosajones»). Esta Inglaterra anglosajona se organizó en siete reinos: al norte estaba Northumbria; al oeste, Mercia y Wessex; al este East Anglia; y en los territorios del suroeste, Essex, Kent y Sussex.

El vocablo «anglosajón» puede leerse en su grafía original (Anglo–Saxon) en algunos escritos de la época –finales del siglo IX– en la que reinó Alfredo el Grande, el cual solía autodenominarse como el «Rey de los Sajones Ingleses). El título describía su liderazgo a la hora de unir a anglos y sajones contra un enemigo común, al que derrotó: el vikingo.

En la actualidad se pueden encontrar evidencias de lo que supuso la conquista anglosajona de Britania. Una Britania que –pese a la posibilidad de que el rescripto de Honorio no se refiera a lo que podría suponerse– había sido dejada de lado por parte del Imperio romano de occidente, pues en esos años ya no estaba capacitado para controlar territorio alguno. Las postrimerías del siglo V y los siglos subsiguientes fueron los de la paulatina conformación de los reinos sucesores. Las evidencias arqueológicas nada pueden ofrecer, pues unas pocas centurias y la devastación causada por los anglosajones dejan pocos rastros. Por otra parte, las evidencias lingüísticas nos dicen que las lenguas que se hablaban antes del siglo VI en Britania y, como es lógico, también las poblaciones que las hablaban, fueron erradicadas o desplazadas por el ímpetu anglosajón.

El historiador Frank Stenton afirma que el sur de Inglaterra fue conquistado rápidamente por ese ímpetu de las tribus germanas. La interpretación de Stenton está hecha a partir del estudio del texto de san Gildas, aunque es pertinente señalar que otros escritos posteriores siempre hablan del violento modo en que estas tribus penetraron en el lugar. Corrobora su tesis el hecho de que no queden restos de otra toponimia en el sur de Inglaterra que no sea anglosajona, además de que el número de palabras celtas y latinas que se mantuvieron en inglés antiguo era ínfimo.

Esta interpretación fue acogida muy favorablemente por los historiadores ingleses de la primera mitad del siglo XX, pues estaban muy interesados en marcar las diferencias en el desarrollo de Inglaterra, de cara a diferenciarlo del resto de naciones europeas. El liberalismo inglés solo podía derivar de un desarrollo diferente del modo de ver, entender y vivir en el resto de Europa. La ideología que querían construir dependía de un amor a la libertad que solo había sido característico de los anglosajones de los que estamos hablando, pues tal ideario tampoco lo era de los britano–romanos ni de los celtas de su época. El carácter anglosajón, lógicamente, es el que se conserva y es genuino de Inglaterra.

5. El proto–racismo anglosajón

En otros lugares del continente que habían sido objeto de conquista, las tribus bárbaras germanas, oriundas de zonas más al este, no acabaron con los pueblos conquistados. Los visigodos ocuparon las tierras de lo que hoy es España, los francos el norte de Francia y Bélgica, y los ostrogodos gran parte de lo que a día de hoy es Italia y del sur Francia. Todos ellos seguían teniendo esclavos, pero no actuaron como habían hecho los germanos del norte en otras tierras ocupadas, al adoptar la lengua, costumbres y religión de los conquistados. Así, la influencia de la Roma cristianizada se dejó notar en su modo de hacer, no en vano, durante el siglo IV muchos de estos bárbaros habían formado parte del Imperio, a través sobre todo de la milicia.

Pero esto no fue así en Britania, y a los habitantes originarios que no habían muerto, o que no habían logrado huir tras la derrota, los invasores les impusieron unas férreas leyes que hacían de ellos esclavos. Los conquistadores se hacían con el control pese a ser una minoría. Su brutalidad, su violencia, y su fortaleza eran las que en todo caso determinaban la victoria.

En particular, los anglosajones en Britania no hicieron lo mismo que habían hecho los visigodos, los francos, y los ostrogodos en otros lugares, y practicaron una política de exterminio con la población, que quedó reducida a la mínima expresión. De modo que solo puede reconocerse lo que los indicios lingüísticos señalan de modo contumaz, que los pobladores britanos fueron casi totalmente exterminados. Y los pocos que pudieron sobrevivir y no consiguieron escapar fueron esclavizados en el contexto de una férrea segregación. En el siglo VII, cuando Ethelberto reinaba en Kent, fueron promulgadas por él unas leyes que se referían a estas minorías conquistadas y esclavizadas. Allí se les denominaba como *laets*, pues con ese vocablo se referían a los «latinos» (a los que hablaban latín; salvando las distancias reconocemos las connotaciones del término con lo que sucede hoy en Estados Unidos).

Las opiniones referidas a que la población britana conquistada pudo mezclarse con la de los conquistadores anglosajones no tienen mucho fundamento, por lo que acabamos de señalar. De modo que no cabe hablar de matrimonios mixtos entre anglosajones y pobladores britanos. El rey Ine de Wessex, cuyo reinado fue del 688 al 726, permitió, al parecer, los matrimonios con los esclavos, a los que se refiere como *wealh* en el código que promulgó. Pero este fue un caso puntual en la segregación de facto que se dio desde la conquista.

La organización política anglosajona distaba mucho de la ley romana previa, pues las desigualdades sociales se marcaron en demasía. Tenía en la cúspide de la jerarquía al rey, y bajo su directo control a la aristocracia, que fue haciéndose cada vez más importante al ir acumulando tierras en propiedad, que el rey les entregaba a cambio de servicios guerreros. La estructura fue adoptando un carácter feudal, que soportaba una importante clase campesina y propietaria de algunas tierras de cultivo y de pasto. Estos campesinos debían de atender a la llamada real si se les demandaba acudir a la defensa del reino, pero también si la demanda era de la aristocracia, para defender en este caso territorios más concretos. Por debajo de estos campesinos estaban los que no tenían nada y eran meros trabajadores agrícolas y ganaderos. Y en la parte más baja del orden jerárquico aparecían los esclavos. De entre ellos, los primeros en ser esclavizados fueron los britanos conquistados en los primeros años y sus descendientes, pero también se sumaban a estos los que podían haber adquirido ese bajo estatus por haber sido hechos prisioneros en otros conflictos posteriores. También había esclavos que se hacían por otros motivos: por ser delincuentes, o incluso por haberse vendido a sí mismos debido a su extrema pobreza.

Así pues, la barbarie de los anglosajones no derivó en que se diera el mestizaje entre las distintas poblaciones. La prueba más fehaciente es que la nueva lengua que se extendió en lo controlado por ellos fue la propia de los conquistadores, una suerte de lengua germánica, que es la que hoy se denomina «inglés antiguo» (los distintos avatares sucedidos a lo largo de la historia, derivó en que esa lengua inglesa «original» se transformara en la moderna).

A la acción exterminadora ejercida sobre estas tribus bárbaras que se asentaron en lo que había dejado de ser la Britania romana, tenemos que añadir tanto la segregación entre conquistados y conquistadores como la esclavitud que deciden para los pocos supervivientes, con esos ingredientes es lógica la consecuencia de la desaparición del idioma celta y latino de los territorios. Ese modo de actuar y las consecuencias del mismo pueden derivar en que consideremos a los anglosajones del siglo VII como verdaderos precursores, *mutatis mutandis*, del trato dado por los ingleses y estadounidenses a los pueblos colonizados en los cinco continentes en el siglo XVIII, XIX y XX (por ejemplo, a las poblaciones locales de los futuros Estados Unidos, a las de Canadá, a las de Australia o a las de Sudáfrica).

6. La recuperación del cristianismo

Los sajones y los anglos conservaron sus mitológicas creencias religiosas de carácter pagano. El cristianismo, que había sido la religión del Imperio desde Teodosio, quedó casi borrado del territorio. Los britanos celtas permanecieron fieles al cristianismo. Después de que fuera evangelizada Irlanda, los reinos celtas del oeste de Inglaterra consolidaron su cristianismo, pudiendo incluso ocuparse de la evangelización del pueblo picto. Este logro fue de san Colomba, que fundo el primer monasterio escocés en la isla de Iona.

El paganismo de los anglosajones sin embargo no fue muy duradero, pues con el discurrir del tiempo, el papa de Roma Gregorio I envió a Inglaterra a Agustín, un monje benedictino, para que cristianizara esas bárbaras poblaciones allende el continente. Para tan difícil tarea, a Agustín le acompañaron otros cuarenta monjes de su misma orden. Todos ellos llegaron a Kent, donde comenzaron su tarea evangelizadora. Kent era la parte de Inglaterra más cercana al continente y el lugar donde la situación parecía más adecuada a lo que se pretendía. El monje Agustín fue el primero de los Obispos de Canterbury, que sentó las bases para que, rápidamente, lo que era Inglaterra en aquella época se cristianizase, y formara plenamente parte del orbe cristiano.

7. Los vikingos

Los puertos de Ludenwic, Ipswich y Hamwic se convirtieron en importantes centros comerciales entre los siglos VII y IX. No obstante, no estaban fortificados y fueron atacados por asaltantes vikingos procedentes de Escandinavia. Las primeras incursiones vikingas solo se llevaban a cabo para hacerse con el botín del lugar al que sus embarcaciones llegaban, pero con el tiempo se fueron transformando en intereses de conquista. Como respuesta, los anglosajones comenzaron a construir ciudades fortificadas para reemplazar a los puertos comerciales. Muchas de ellas todavía existen en la actualidad.

El año 865, un gran contingente naval vikingo, procedente de las costas de Dinamarca, se hizo con

York tras meses de cruentas batallas. Y antes de que terminara esa década, los vikingos ya controlaban los reinos de Northumbria y East Anglia. En el año 870 Etereldo I consiguió frenarlos en las murallas de Wessex. A Etereldo le sucedió su hermano Alfredo el Grande que se las tuvo que ver con la herencia guerrera de su hermano, pero que logró unificar la mayor parte de los reinos, de modo que consiguió frenar la acción de los daneses. El nieto de Alfredo, Athelstan será considerado como el primero de los reyes de Inglaterra. La política de su abuelo lo había propiciado.

Pero el interés de los que habitaban los territorios del norte de Europa, por el control de la isla regida por los reyes anglosajones no cesó. Otros pueblos vikingos, oriundos de la península escandinava, la dinastía de Dinamarca y por último los normandos, trataron de hacerse con el control de la isla. La conquista normanda es el asunto a tratar, pero antes debemos incidir en que uno de esos intentos para hacerse con el reino anglosajón sí tuvo éxito. Tras vencer a los anglosajones, el rey de Dinamarca Svend y su hijo Canuto reinaron en Inglaterra. Pero la dinastía de Alfredo el Grande (de la Casa de Wessex, o también denominada Cerdic) recuperó el reino. Fue Eduardo el Confesor quien lo consiguió, aunque solo hasta el año 1066. A partir de ese año muchas cosas iban a cambiar en Inglaterra.

8. Los normandos (que eran también vikingos)

Así es, los normandos eran también vikingos, aunque algo más civilizados gracias, entre otras cosas, al cristianismo que había sido adoptado por ellos al asentarse en el territorio del norte de Francia. Una región que, a día de hoy, sigue denominándose Normandía. La Batalla de Hastings fue el anuncio de lo que poco más adelante se iba a consumar: el control de la población anglosajona por parte de estos nuevos conquistadores.

Durante el reinado de Eduardo el Confesor se había introducido en Inglaterra, de un modo definitivo, una nueva modalidad organizativa: la nueva política del reino, que iba a permanecer durante mucho tiempo, fue el feudalismo. Esta nueva ordenación de la tierra se articulaba en condados dirigidos por un tribunal y por un sheriff, este último en representación del rey. Y algo muy importante para fortalecer sus arcas: un orden catastral que haría mucho más eficaz la recaudación de los impuestos. Pero, eso sí, las leyes que iban a regir ese modo de organización política ya no iban a ser las de los reyes de la dinastía anglosajona sino las leyes normandas.

En los años previos a la toma del poder por parte de un rey normando y la subsiguiente conquista de todo el territorio de Inglaterra, se dio una situación muy inestable. Desde 1050 el reinado de Eduardo el

Confesor estaba sufriendo luchas por la sucesión (el sobrenombre del «Confesor» tiene relación con que el papa Alejandro III lo ascendiera en 1161 a los altares). Eduardo había querido ser célibe y los pretendientes al trono eran muchos: el anglosajón Godwin, que pretendía el trono para alguno de sus tres hijos; el rey de Noruega, Magnus I, para su hijo Harald; y, por último, el que según algunos historiadores era al que favorecía el propio rey: Guillermo, un descendiente de los vikingos que había nacido en Normandía, y que era uno de los hijos bastardos de Roberto I, el duque de Normandía. Guillermo fue el que se hizo con el trono tras ser el vencedor en la batalla de Hastings. Y fue coronado en la abadía de Westminster con ese nombre, siendo el primero en llevarlo a gala.

9.   Ninguna de estas conquistas desplazaron a los anglosajones de Inglaterra

La conquista de los normandos no fue como la que habían llevado a cabo las tribus germanas seis siglos antes, principalmente por el bagaje cristiano que les caracterizaba. Los normandos no acabaron con la vida de los anglosajones, lo que hicieron fue tomar el control político. Desplazaron de sus feudos a todos nobles y se hicieron también con el control del clero. De modo que la consecuencia directa de la conquista fue la casi total eliminación de la vieja aristocracia anglosajona y la pérdida del control que tenía sobre la Iglesia en Inglaterra.

Guillermo I desposeyó sistemáticamente a todos los terratenientes ingleses, entregándoles las tierras a sus seguidores continentales. Para llevar a cabo la expropiación mandó elaborar una suerte de censo en el que se contabilizara toda la riqueza de los territorios conquistados. De esta manera, además, el nuevo rey iba a organizar la tributación de los pobladores anglosajones de cada comarca de Inglaterra. Este censo es conocido hoy como el *Libro de Winchester*.

Pasada una década no quedaba un solo anglosajón en los puestos de control del reino, y una década después todas las tierras, salvo un pequeño porcentaje pertenecían a normandos. Estos iban a tener que pagar los tributos que los censores habían marcado en el libro señalado. Los anglosajones no iban a pagar ningún tributo dado que ya no tenían tierras. De entre todos los cargos relevantes de la nueva ordenación normanda de Inglaterra, los que pudieron ocupar los anglosajones fueron los de sheriff. Y en monasterios no muy importantes algún anglosajón consiguió mantenerse como abad.

Los conquistadores normandos que se asentaron en Inglaterra y tomaron el control no llegaban a diez mil, según se estima por muchos historiadores. En un principio algunos de ellos fueron reticentes a consumar matrimonios con los vencidos, pero esas reticencias durarían muy poco, pues en muy pocas décadas, cuando reinaba Enrique II Plantagenet, los matrimonios mixtos eran lo más común. Con el paso de los años estos normandos fueron asimilados, de tal modo que los habitantes de Inglaterra siguieron denominándose «anglosajones», hablando el antiguo inglés que no la lengua proto–francesa hablada por los normando. De ese modo, los nuevos conquistadores fueron asimilados por los vencidos.

10. Origen del imperialismo inglés

Los anglosajones cometieron auténticos crímenes en las conquistas llevadas a cabo más allá de sus fronteras. Llevaron a cabo matanzas que llegaron al exterminio de poblaciones en algunos casos. En los lugares más cercanos siguieron con su política de conquista y exterminio, acompañada del nulo mestizaje. La colonización de Irlanda por parte de Inglaterra se desarrolló a lo largo de los siglos XVI y XVII –empezó con la política de Enrique VIII y no cesó hasta la de Oliver Cromwell–. Las leyes inglesas se fueron adecuando a su política de no mestizaje, en un proceso que tenía como meta la anglificación de todos los territorios de las islas. En 1366, se aprobaron los estatutos de Kilkenny, que prohibían los matrimonios mixtos entre los colonos anglosajones y los nativos irlandeses. Pero no solo eso, pues las prohibiciones se dirigían al uso de la lengua gaélica y a que se continuara con las costumbres ancestrales de los pueblos irlandeses. La aculturación anglosajona se haría más férrea, a partir de estos siglos, al imprimirse unas diferencias derivadas de la lucha de religiones, y del exterminio de los cristianos católicos por parte de los protestantes de los distintos credos, que se consolidaron en Gran Bretaña (nombre que suele darse a la mayor de las islas británicas, desde que en 1707 se firmara el *Acta de la Unión*, entre Inglaterra y Escocia).

La confrontación de credos era uno de los caracteres que marcaron el enfrentamiento que, durante los siglos que van del XVI al XIX, vivieron el incipiente imperialismo anglosajón y el consolidado Imperio español. El paso de los siglos estuvo marcado por el auge del primero y el debilitamiento del segundo. La política de los anglosajones iba dirigida, en primer lugar, a debilitar el Imperio español por cualquier medio. Algo por otra parte lógico pues el sino de los Estados es vivir en oposición a los demás estados. En segundo lugar, a ampliarse territorialmente, pues en ese tiempo era el modo de desarrollo económico. Este no es el modo de imperialismo actual, pues el devenir de la historia y sus transformaciones han permitido que la dominación dependa de otro tipo de orden que no amerita aumentar el control territorial directamente. Desde la revolución industrial al día de hoy, las fronteras no son tan volátiles porque el control económico–financiero y cultural–ideológico es muy eficaz, generando relaciones de dependencia que no precisan de aquellas titularidades de territorio para ejercer un control efectivo.

El modo de actuar de los anglosajones en los siglos mencionados, no es tan conocido como el de los españoles. Se señala por parte de los primeros que las de los segundos tuvieron un carácter atroz. Pero eso es una falsedad. La propaganda mentirosa era la herramienta que los enemigos de España supieron utilizar con gran éxito. Lo que conocemos como la «Leyenda negra» quedó escrito con letras mayúsculas en la Historia Universal. Sobre todo al ser asumida por los vilipendiados, o sea, por los españoles y otros hispanos. Aunque en tal asunción tuvieron un papel protagonista los franceses, con la Ilustración y su Enciclopedia, además de su hacer ladino, pues a partir de que la dinastía de los borbones reinara en el Imperio contribuyeron, desde dentro, a que este comenzara a declinar, pero también a que cambiara el modo de ver el pasado imperial español entre las élites gobernantes e intelectuales.

La conquista e hispanización del Nuevo Mundo, tras el desembarco de Cristóbal Colón en la isla de San Salvador el 12 de octubre de 1492, cambió el devenir de la historia. Los reinos europeos dejaron de mirar al Mediterráneo para poner los ojos en los territorios ultramarinos que habían descubierto los españoles. En la explotación de esas nuevas tierras era precisa una gran cantidad de mano de obra. La solución para conseguirla fue la de recuperar, de un modo sistemático, una institución de capa caída en la Cristiandad, la esclavitud. Esta manera de relación entre hombres había sido dejada de lado por el modo de entender lo que es el ser humano –definido como persona– por el cristianismo católico. Pero la transformación, en la forma de entender el hombre que supuso ese agrandamiento del mundo, con una nueva «modalidad» de hombres, hizo que la idea de persona, adecuada a todos los hijos de Dios, se pusiera en tela de juicio. Y ocurrió que algunas de esas personas desde el punto de vista de los calvinistas, «dejaron de tener» tal estatus[2].

El caso es que el beneficio económico que suponía el esclavismo, así había sido en el mundo antiguo, se trasladó a la recién estrenada época moderna. La gran diferencia es que en la época moderna entraría a formar parte un factor que no se daba en la antigua, pues las diferencias raciales que se observaban en la moderna no se habían dado antes. Los esclavos de griegos y romanos, no eran muy diferentes a sus amos (la palabra «esclavo» tiene su origen en el término «eslavo», que no guardaban grandes diferencias fisonómicas con sus amos). Y lo que sucedía más allá de sus fronteras, aunque estas no estuvieran muy lejanas como eran las egipcias, era otro cantar.

El imperio inglés y luego británico (después de la Acta de Unión en 1707) se fue haciendo más grande, procurando a la vez que sus gobernantes y empresarios fueran enriqueciéndose cada vez más. Las grandes fortunas inglesas se multiplicaron sobre manera por dos factores: el nuevo negocio del tráfico de esclavos y la expoliación del Imperio español

---

[2] Resaltamos el sintagma para señalar que los nuevos esclavos no habían sido conscientes de tal estatus, y que no lo serían hasta mucho después. Con todo, estas cuestiones serán tratadas más en detalle en el capítulo 3.

mediante la piratería. Así pues, el negocio más fructífero de ese tiempo fue el de la trata de esclavos, para venderlos en ultramar. Más fructífero incluso que el de la piratería, dirigida contra la riqueza de los Virreinatos españoles que viajaba por el océano Atlántico, conectando los territorios gobernados por los Austrias, y que daban la vuelta a un mundo que ya se había conocido en su totalidad esférica. Sin embargo la esclavitud fue abolida en todas sus colonias en 1833 por un conjunto de motivaciones muy poderosas. Por una parte, las cristianas, que ya han sido objeto de mención. Por otra, las motivaciones económicas derivadas de la Revolución industrial. En esta nueva situación la esclavitud tenía una productividad más onerosa que la derivada del coste que suponía el trabajo asalariado para los nuevos propietarios industriales.

Como hemos señalado en la introducción, entre los siglos XVII y XVIII un buen número de ingleses desembarcó en la costa este de Norteamérica. La organización política, impuesta por la Corona inglesa, fue la del mercantilismo a ultranza. El gobierno debía mirar por el beneficio económico, siendo esa la razón de ser de un modo de vida que ya estaba dando frutos exitosos en Inglaterra respecto de las demás naciones europeas. El gobierno de las trece colonias se focalizó en procurar un constante aumento de las exportaciones, con una también constante disminución de las pertinentes importaciones. Relaciones comerciales que desde el primer momento tenían a Inglaterra como único mediador legal. Este mercantilismo tenía un carácter cautivo, que como es lógico generó un comercio paralelo de contrabando, mediante el que muchos de los colonos vendían sus productos a otras colonias, como las que estaban bajo control francés u holandés, y a los territorios españoles.

También sabemos que los habitantes de las trece colonias inglesas consiguieron la independencia en el año 1776. La derrota de Inglaterra supuso lo que se ha venido en llamar la «derrota del Primer Imperio Británico». De tal modo que estos últimos hubieron de focalizar sus intereses imperialistas hacia el otro lado del mundo: hacia la India, China y otros lares de Asia. El éxito de la política británica en esos años fue reconocido en todo el mundo, pese a que se criticase su modo depredador de imperialismo, tendente a arrebatar las riquezas de los lugares colonizados. La expresión «imperialismo depredador», con la que calificamos el «hacer» británico (aunque no solo este, también podemos considerar depredadores a los imperialismos holandés, francés y portugués), fue acuñada, definida y desarrollada por el filósofo Gustavo Bueno, en su libro *España frente a Europa*. Este modo imperialista contrastaba con otros imperialismos no depredadores, a los que califica como «generadores», preocupados por desarrollar actividad ciudadana (este sería el caso de Imperios como el efímero de Alejandro Magno, o el nada efímero romano), por fundar además de ciudades, instituciones (escuelas, Universidades, imprentas, etc.), para así, asemejar lo nuevo al foco originario. Este imperialismo fue el de España, que duró más de tres siglos, pero también el menos duradero de la

Unión Soviética. El dualismo clasificatorio, sin embargo, no anula las bondades –y lo que no son bondades en absoluto– que uno y otro modo de imperialismo puedan desarrollar, pues en la generación cabe siempre la depredación y viceversa.

Pero también había voces que alababan esas políticas, justificándolas en algunos casos, en argumentos sociopolíticos. Destacamos de entre todos estos «amigos» de lo anglosajón, uno de los primeros y más vehementes: Edmund Demolins. Su libro *En qué consiste la superioridad de los anglosajones* (1899), resulta muy interesante para incidir en las conexiones entre, por un lado, el protestantismo y por otro lado, la visión del mundo y del hombre que los descendientes de los anglosajones tienen a día de hoy. Pero estos temas son asunto de los próximos capítulos, por lo que tendremos que acudir más adelante a los argumentos de Demolins, entre otros.

Antes de comenzar el siguiente subepígrafe, es relevante hacer una aclaración. Aquí estamos usando el término *anglosajón* de un modo que puede llevarnos a confusión. Con este sintagma nos referimos a los que controlaron los territorios británicos desde su acceso a los mismos, en el siglo V, hasta el siglo XVIII, cuando se unificaría políticamente Gran Bretaña. De manera que la acepción de *anglosajón* aquí es una expresión histórica. Pero también nos referimos con este término a los que a día de hoy están a la cabeza de los Estados Unidos. Aunque no solo ellos, pues son *anglosajonas* también las clases dirigentes australiana, canadiense, sudafricana, &c.

53

11.   El modo racista de actuar del anglosajón no cesó sino todo lo contrario

Los británicos durante el siglo XVIII, y sin perjuicio de holandeses portugueses etc., transportaron alrededor de 40.000 africanos al año como esclavos hacia las costas norteamericanas. Este *negocio* se multiplicó a comienzos del siglo XIX, fecha en la que su Imperio colonial fue tomando forma y consolidándose. Aunque las masacres británicas no son las únicas que deberíamos denunciar, al menos en esos tiempos que corrían. Los imperialismos depredadores –inglés, francés, holandés y belga, sobre todo– fueron devastadores para millones de personas[3]. Pudiendo decirse que el racismo que mostraron en sus acciones imperialistas derivó en que cambiase por completo el destino de muchos territorios. Influyendo en cómo es hoy día nuestro mundo.

Paralelamente, en las primeras décadas del siglo XIX se dio un movimiento en los Estados imperialistas depredadores que se adecuaba al punto de vista del imperialismo generador español. Algunos

---

[3] En el resto del mundo, pensemos en el interior del gran continente asiático, también se dieron matanzas de gran calado pero sobrepasan, tal y como hemos señalado, la temática de este libro.

pastores cristianos reformados animaban desde sus iglesias a la abolición de la esclavitud, con el argumento de que los esclavos eran también personas. Pero frente a este modo de ver la cuestión, se daba el diametralmente opuesto, que iba además mucho más allá de la relación de esclavitud que quería contrarrestarse. Algunos aseguraban que el esclavismo de las razas inferiores tenía sesgos de benevolencia por parte de los esclavizadores, ya que para ellos tales «seres» eran como animales. Unos animales que, en las circunstancias de esclavitud, podían tener una vida mejor que la natural. Y, yendo más allá, estaban los que abogaban por su exterminación. Y así, el siglo XIX fue un siglo en el que se dio un exterminio de seres humanos sin solución de continuidad, pues se siguió acabando con la vida de los considerados inferiores hasta mediados del siglo XX.

Desde mediados del siglo XVII una mayoría de calvinistas holandeses y franceses, y de alemanes luteranos, colonizaron el sur de África. La zona central del continente no, pues fue colonizada por belgas. Las matanzas de aborígenes que se dieron en todos esos lares son incontables. Matanzas similares ocurrieron en los lugares colonizados por británicos. Los territorios que estos colonizaron en todo el mundo fueron muchos más que los que colonizaron los otros europeos mencionados.

Hemos incidido en la introducción de este texto en la colonización americana, pero la colonización británica se amplió a todo el mundo conocido en las décadas posteriores. En África se hicieron con Sierra Leona, Nigeria, Egipto, Sudán, Anglo–Egipto,

Somalia, Uganda, África oriental británica (hoy Kenia), Rhodesia (hoy Zimbabue tras una guerra civil contra un régimen racista), Gambia, etc. Los crímenes que cometieron no llegaron a ser tan importantes como las del norte de América, pero sí que depredaron de modo sistemático la riqueza de los lugares a los que llegaron. Ejemplo de esto mismo es lo que consiguieron hacer en India y en China. En India, durante los dos siglos que duró la dominación británica, los colonizados eran en su mayoría ciudadanos de segunda, y los matrimonios mixtos entre británicos y locales estaban prohibidos por ley.

Los intentos previos de conquistar lugares caribeños fueron atajados por los españoles, algo que a día de hoy debieran de agradecer las poblaciones autóctonas, pues si los anglosajones hubieran llegado a conquistarles –de la mano del famoso pirata Francis Drake– lo más seguro es que no habrían podido sobrevivir. Más adelante se hicieron con las Islas Caimán o Jamaica. Pero allí los desmanes cometidos no fueron tan graves: su *modus faciendi* no fue el habitual de décadas pasadas, en las zonas de más al norte.

Pero volviendo a la cuestión de las masacres promovidas a principios del siglo XIX por los oponentes de aquellos benevolentes pastores protestantes, debemos destacar lo que sucedió a principios de ese mismo siglo en lo que hoy conocemos como Oceanía. Los ingleses que allí llegaron practicaron una suerte de feroces acciones que podemos tachar de genocidas. El navegante que había llegado a esos lugares fue el capitán James

Cook, en el siglo XVIII. Desde esas fechas se comenzó a practicar una política colonizadora que acabó con la vida de cientos de miles de personas. La famosa Sociedad Geográfica Británica, aseguró en su día que en Australia había casi un millón de aborígenes. Cuando los ingleses tomaron los territorios más feraces solo unos pocos aborígenes pudieron huir de las matanzas. Pero la vida que les esperó no fue nada fácil, pues habían huido a zonas desérticas. Después de algunos años solo quedaban unos pocos miles de aborígenes.

Destacamos de esos lares lo que sucedió a principios del siglo XIX en el grupo de islas situadas al sur de Australia y que se conoce como Tasmania (en honor del navegante holandés, Abel Tasman, que fue el primero en llegar allí. Hoy día Tasmania es un Estado que pertenece a Australia). Lo que había sucedido en Australia y en otros lugares bordeados por el océano Indico, o lo que sucedería posteriormente en el cono africano o en las zonas de Asía también colonizadas por estos británicos, se quedó muy corto respecto de lo que perpetraron en esa isla. Ya hemos visto que las poblaciones autóctonas africanas y asiáticas se mantuvieron, pese a los crímenes cometidos. La de Tasmania no. Los tasmanos fueron totalmente exterminados. Las acciones que realizaron allí los británicos derivaron en que en muy pocos años, menos de cuatro décadas, no quedara un solo habitante originario de la isla. La crueldad con que los aborígenes fueron tratados y cómo se acabó con sus vidas, es demasiado escabroso para ponerlo negro sobre blanco. Sí queremos señalar que, aunque no se había acuñado todavía el término genocidio, eso es lo que sucedió en Tasmania en la primera mitad del siglo XIX.

Las acciones de estos británicos –conquistadores de zonas ahora tan alejadas– tenían un gran paralelismo con que las que sostuvieron los anglosajones con los britano–romanos y celtas en la Britania romana. Las nuevas tecnologías de navegación les permitieron llegar a puntos muy lejanos de esas primeras tierras conquistadas. Las tecnologías armamentísticas les permitían matar o subyugar de un modo mucho más eficaz a un número mucho mayor de gente. Los anglosajones tenían muy claro que los aborígenes de los lares que iban a colonizar –para tomar de ellos todo el contingente de materias primas, toda su riqueza– tendrían que ser exterminados o acallados haciéndolos esclavos, pues de ese modo la acción extractora y de producción iba a ser mucho más eficaz: ¡Quién iba a quejarse de que les robaban si ya no estaban o no tenían voz! Los territorios se repoblaban preferentemente con población blanca del imperio, de modo que la raza blanca se extendía de modo imparable. Con todo, los conquistadores británicos solo tenían *in mente* la exterminación total de los habitantes autóctonos, pues no les cabía en la cabeza la posibilidad de un mestizaje con los que consideraban infrahumanos o meras bestias. Un claro ejemplo de este modo de segregación lo podemos leer en el escritor británico Rudyard Kipling, que en las primeras líneas de su relato *Transgresión* dice lo siguiente: «Un hombre no debe, en ninguna circunstancia, separarse de su casta, raza y estirpe. Que los blancos vayan con los blancos y los negros con los negros» (*10 Narraciones Maestras*, Siruela, 1999).

Comprobamos que las conclusiones a las que habían llegado Francisco Vitoria y otros muchos escolásticos españoles años atrás, respecto de la humanidad de esos hombres, no eran del agrado de los anglosajones, pues tenían un modo de entender la cuestión muy diferente. Un modo de entender qué es el hombre que derivó en la esclavización sistemática: hombres que capturaban en África, llevándolos a las tierras americanas en condiciones infrahumanas (claro, no los veían como tales; los consideraban igual que consideraban a los autóctonos, como meros animales parlantes).

Sus argumentos derivaban de una ideología que se fue desarrollando en siglos anteriores, y que era dependiente de un modo cristiano de entender lo que es el mundo y lo que es el hombre muy particular, y que contrastaba con el católico que regía las normas que habían impregnado los intereses del Imperio español en declive. El español fue un Imperio que nunca llevó a cabo la captura sistemática de hombres para hacerlos esclavos.

12. Algunas voces críticas de entre los ingleses

Pocas son las voces que ponen en entredicho el papel de los anglosajones en el mundo. La inmensa mayoría de voces no conocen la historia de su lugar de nacimiento, Suponemos que debido a que los que la conocen no quieren contarla (nadie suele tirar piedras contra su propio tejado)[4]. Suponemos también que puede ser porque les avergüenza, y que les avergonzaría más que otros la supieran. Una actitud criticable pero no por ello no entendible, pues de buenos hijos es amar y respetar a los padres, incluso cuando hubiesen cometido actos que poco o nada tuvieran de dignos. Y en este caso, con más razones, pues los actos de los antepasados de los británicos derivaron en el estatus de gran nación del que ahora se aprovechan los descendientes. La actitud que ahora estamos señalando causa cierta envidia para algunos españoles, por supuesto que no a todos. Y es que en España sucede todo lo contrario de lo que sucede con los británicos. Todo lo que pudiera causar vergüenza, relacionado con el pasado español, se airea a los cuatro vientos. Incluso lo honroso se transforma de tal manera que pasa a ser vergonzoso. Y los logros se

---

[4] El único caso flagrante de «tirar piedras en el propio tejado» es el español, sobre todo cuando de la *Leyenda negra* se trata. Solo en los últimos años se están alzando voces en España y en Hispanoamérica para contrarrestar ese absurdo histórico–social que es el caso español.

borran de la historia para que nadie los conozca. En una suerte de suicidio histórico incomprensible.

Pero dejando a un lado las lamentaciones, y atendiendo más a las disquisiciones que las motivaron, debemos señalar que pese a que los ingleses callen lo penoso, algunas voces críticas se dejaron oír. Estos pocos fueron muy críticos, aunque de modo puntual, con el colonialismo británico. Denunciaron que en la India murieron millones de personas por hambre, debido a que, aunque las cosechas de cada año fueran escasas, debido a la climatología, ello no era óbice para que hacia Gran Bretaña siempre saliera la misma cantidad de grano. Si este era poco, los que se quedaban sin comer eran los indios. El hambre en años reiterados acabo con la vida de millones de personas (algo similar había sucedido siglos antes en Irlanda, aunque el menor número de habitantes de la isla cercana hacía que el número de víctimas fuera menor). Empero, el hecho de ser causantes de tantos y tantos muertos en Irlanda o en la India, no derivó nunca en que se acusara a los anglosajones de genocidas.

En el libro *Fracasología* de M. E. Roca Barea podemos atender a dos de estas voces críticas con el colonialismo: la primera que citamos es de Edmundo Burke, que fue parlamentario británico a finales del siglo XVIII: «Cada rupia de beneficio hecha por un inglés está perdida por siempre para la India. Nosotros no aportamos ningún tipo de compensación […]. Inglaterra no ha construido Iglesias ni hospitales ni palacios ni escuelas ni puentes ni carreteras ni canales navegables ni represas. Cualquier otro conquistador anterior ha dejado algún monumento tras él. Si nosotros fuéramos expulsados de la India nada quedaría para testimoniar nuestra presencia durante el ignominioso periodo de nuestro dominio en nada mejor que el dominio de un orangután o un tigre» (Roca Barea, *Fracasología*, págs. 269–270). Y la segunda voz en oírse es la de Carlos Napier, *Sir* de Inglaterra (lo raro es que no le quitaran el título después de decir lo que dijo), que no solo destacó por su alta cuna, sino que también lo hizo como figura relevante del colonialismo inglés, ese que, luego, cuando tenía avanzada edad, criticó: «Nuestro objeto al conquistar la India, el objeto de todas nuestras crueldades, no fue otro que el dinero […]. Se dice que de la India se han obtenido unos 1.000 millones de libras esterlinas en los últimos 90 años (1756–1846). Cada uno de estos chelines se ha extraído de un charco de sangre; se ha limpiado a conciencia y ha ido a parar a los bolsillos de los asesinos. Sin embargo, por mucho que se limpie y se seque el dinero, esa "maldita mancha" no saldrá nunca» (Roca Barea, *Ibídem*, págs. 271–272).

13. Los anglosajones norteamericanos tampoco «se quedaron cortos»

Hemos atendido a lo que los anglosajones llevaron a cabo cuando llegaron a Britania, y más adelante en Irlanda. Como el siguiente capítulo se refiere a cuestiones que tiene relación con la religión, volveremos a tocar este asunto y otros asimilados. En la época moderna atendimos a las masacres que cometieron en tierras de Asía, de África, de Oceanía, haciendo hincapié en el genocidio tasmano. Para el colofón de este capítulo hemos reservado la atención a los territorios del norte de América.

En sus colonias de Norteamérica fueron acabando paulatinamente con los indígenas que encontraban a su paso. Así pues, las muertes de los aborígenes de esas colonias, y los lugares aledaños, no fue como había sucedido con los de más al sur, cuando los españoles llegaron allí. Si los autóctonos murieron en lo que era la España ultramarina fue por cuestiones indirectas relacionadas con enfermedades no conocidas a las que tuvieron que adaptarse del peor modo posible. Así pues, la mortalidad indígena en el tiempo en que los españoles fundaron esas ciudades se debió, sobre todo, a las enfermedades que desde Europa llegaron (sarampión, gripe, viruela, tifus, etc.) y que diezmaron la población. Esto también sucedió en el norte, pero allí además los indios cayeron a sangre y fuego. Es pertinente señalar un importante dato, que en los territorios del Imperio español, se trató de solventar este problema. España construyó hospitales y se llevó a cabo la primera campaña de vacunación. Esto sucedía a principios del siglo XIX – entre los años 1803 y 1806– y fue la primera vez que un hecho de ese calado sucedía en la historia). La campaña llevó la vacuna de la viruela a cada rincón del Imperio Español (y eso suponía acceder a zonas situadas en todo el orbe), salvando una ingente cantidad de vidas humanas. Esta expedición se denominó formalmente como la «Real Expedición Filantrópica de la Vacuna». Hoy día más conocida como la «Expedición Balmis».

Como estamos señalando, lo que sucedió con los indígenas de la América colonizada por los ingleses, fue el exterminio. En muy pocas décadas los aborígenes que vivían en los territorios de las trece colonias desaparecieron, fueron aniquilados. Pero como todos sabemos la depredación anglosajona no fue solo de las tierras adyacentes a las trece colonias. Una vez que se independizaron –de modo que estos anglosajones eran ya norteamericanos– las necesidades de materias primas para la industrialización y de más espacio para multiplicar la producción, derivó en la ampliación conquistadora, dirigida hacia el sur ocupado por México y hacia el oeste, unos lugares que, en gran medida, habían sido previamente civilizados por los españoles. La ideología que iba a acompañar esta sed de depredación vendría dada por un supremacismo que buscaba su nueva justificación en motivos derivados del protestantismo, vertebrador de estos hombres blancos y anglosajones, y que se estaba expresando como una suerte de «destino manifiesto».

Aunque esos anglosajones ya no eran británicos, pues se habían independizado de la Corona desde 1776, eran «anglosajones norteamericanos» de pura cepa. Los indios que poblaban los territorios que iban de este a oeste fueron exterminados en gran número, incluso cuando estos fueran ya cristianos católicos, o lo que es lo mismo, hombres civilizados que vivían en ciudades fundadas por españoles. De este modo, por mor de la aniquilación, la titularidad de la tierra pasaba a manos de los nuevos conquistadores, sin posibilidad de reclamación alguna.

A modo de ejemplo de la conquista a sangre y fuego podemos mencionar lo que sucedió con los «terribles» apaches (como terribles asesinos y violadores de mujeres están descritos en muchos filmes de Hollywood). Sin embargo, el famoso apache Gerónimo no era ese ser incivilizado y terrible, descrito en el cine. Gerónimo hablaba en español y tenía ese nombre porque era oriundo de una ciudad que había sido española –en ese tiempo mexicana– y que se había fundado a partir de una misión que tenía el nombre de San Gerónimo.

Pero el modo de vivir de los indios del sur de los Estados Unidos –de los territorios que ocuparon en la conquista del Oeste, y que habían sido previamente españoles– ya no es recordado por ellos, no hay relatos escritos que puedan estudiarse. Y las reliquias, edificaciones derruidas en muchos casos que incluso pueden verse en muchas producciones cinematográficas, no les permiten expresar conclusiones cargadas de la veracidad que se echa en falta. Lo que recuerdan los pocos indios supervivientes de esos tiempos de conquista es el relato repetido y repetido por los conquistadores estadounidenses. Un relato falso, negrolegendario, que aprendieron generación tras generación en las escuelas, y que afirma mendazmente que los españoles se habían quedado con todas sus riquezas, además de matar a sus antepasados: hombres, mujeres y niños, indiscriminadamente. Y. El 1 de enero de 2022, el diario español ABC publicó una entrevista realizada a Alfonso Borrego, biznieto del apache Gerónimo. En ella podemos leer sur palabras a este respecto: «Las tribus te dicen que los españoles cometieron muchas atrocidades y lo robaron todo, pero no tienen nada escrito, nada consistente, simplemente es una historia que está en la tradición oral y así se cuenta generación tras generación. Y la gente no piensa, no se hace preguntas, solo repite lo que ha oído».

Al sur de Estados Unidos existen las categorías de mulatos y de mestizos, sin embargo en Estados Unidos, incluso hoy en día, la diferencia es entre ser de una raza o de otra: o eres blanco o eres negro, o eres blanco o eres hispano. Para entenderlo debemos incidir en lo que sucedió, en la América española, unas décadas después de que se diera la independencia de los anglosajones americanos del Imperio británico. De entrada, debemos atender a una importante diferencia entre modos imperialistas: el generador español y el depredador anglosajón, pues si no atendemos a ello no podemos comprender las implicaciones derivadas de las diferencias actuales entre unas naciones americanas y otras, respecto de cómo están conformadas poblacionalmente unas naciones u otras. Como sabemos, a principios del siglo XIX el Imperio español se balcanizó. Las élites españolas de ultramar eran sobre todo blancas criollas. La población de ultramar se componía de esos criollos y de los indígenas, pero también de un gran número de mestizos y mulatos, pues los españoles que habían desembarcado en el continente no ponían ninguna cortapisa a la mezcla racial. Esa mezcla étnica es la que a día de hoy compone las naciones hispanoamericanas. Sin embargo, en las naciones del norte de América, como Estados Unidos y Canadá, no sucede lo mismo.

Lo que supone un imperialismo depredador derivará en lo que hasta día de hoy está sucediendo. Algo que es muy poco diferente de lo que pasó desde que llegaron los colonos a las costas americanas. Los anglosajones no se mezclaron con los que no consideraban siquiera personas: ni con los indios que encontraron, ni con los negros que más tarde llegaron para trabajar como esclavos. Para muchos anglosajones los hispanos son los «panchitos», y los afroamericanos «chimpancés». Por otra parte, el hispano que trabaja en Estados Unidos tiene, para demasiados blancos anglosajones, unas características demasiado similares a las que tenían los viejos indios norteamericanos, a los que peyorativamente denominaron «pieles rojas». Los «pieles rojas» eran los indios norteamericanos que, en gran número, habían sido civilizados por los españoles, haciendo de ellos ciudadanos del Imperio católico. Entre estos estaban los apaches antes mencionados. Aunque la de los apaches era solo una de las tribus que habitaron el sur y el oeste de Norteamérica, muchas de ellas también civilizadas previamente por los españoles, algo que no fue digno de consideración por el supremacismo anglosajón.

Para que pueda entenderse como fue posible una segregación tan visceral entre negros y blancos, y que

67

a día de hoy se dé entre hispanos y anglosajones, podemos atender a la famosa «regla de una gota» que se extendió en toda Norteamérica a partir del siglo XIX. La «regla de una gota» fue el mejor mecanismo para la diferenciación racial, pues incluso los blancos de menor poder adquisitivo podían marcar diferencias con los que no eran blancos. El hecho de que esa fuera la única diferencia, la de que eran blancos, hacía que pese a la precariedad de sus vidas, se sintieran superiores respecto de los negros y de los indios, incluso de los inmigrantes orientales, que en ese tiempo habían sido muy importantes, sobre todo para trabajar en la construcción de los ferrocarriles que cruzaban toda la nación de este a oeste. Esa infausta regla fue un mecanismo de solidaridad perfecto, pues los blancos se equiparaban entre sí frente a los que no lo eran. Solo de ese modo conseguían un beneficio psicológico –el derivado del mejor estatus social respecto de los no blancos– que les hacía dejar de lado las penalidades que su miserable vida les proporcionaba, y justificaba el trato animal que llegaba a la indiscriminada ejecución de algunos seres humanos por el hecho de ser diferentes.

El control que tenía que ejercer el hombre blanco respecto de los negros esclavos por un lado y por otro la lucha con las tribus indias, nos permite entender que exista incluso hoy en día esa potente Asociación Nacional del Rifle. Desde que los colonos norteamericanos llegaron y quisieron hacerse con todos los territorios que hoy dominan, la confrontación fue constante con unos y con otros. Con los indios, hasta que los derrotaron y los derivaron a las denominadas «reservas», y con los esclavos negros, porque solo a la fuerza puede mantenerse un sistema económico de esas características. Como sabemos, la transformación del sistema económico esclavista en el capitalista promovido por los Estados del norte, no acabó ni con la segregación ni con las diferencias raciales, como atestiguan las leyes de Jim Crow en vigor hasta los años 60. Y eso que la evolución de la sociedad estadounidense derivó en que esos enemigos, indios y antiguos esclavos negros, cambiaron su estatus legal, pero no su estatus social y por tanto que se asimilaran con los anglosajones. Y así, los pocos indios que quedan viven sobre todo en aquellas reservas, aunque algunas de estas se han mimetizado en parte con el resto de la sociedad, por lo que se mantienen las sempiternas desigualdades. Los negros ya son hombres libres, pero la mayoría en unas condiciones de desigualdad cultural, social y económica manifiesta.

Pese a que la población negra siga teniendo índices de salarios mucho más bajos que la blanca a día de hoy, los números nos permiten señalar que el racismo decimonónico y del siglo XX entre blancos y negros ha disminuido. La política estadounidense respecto de la segregación, tras muchos años de confrontación y de lucha, ha derivado incluso en que una minoría de los hoy denominados afro–americanos hayan alcanzado altas cotas de poder en el gobierno de Estados Unidos con su claro ejemplo, los dos mandatos de Barack Obama en la Casa Blanca (2008–2016).

14. Conclusión

Este primer capítulo nos permite expresar de un modo concluyente que el elemento anglosajón de la matriz WASP (los blancos y anglosajones de religión protestante) es el que sustenta de modo permanente un racismo inveterado, que terminó por expresarse como congénito, y que puede reconocerse hoy día en los Estados Unidos de Norteamérica. Decimos «congénito» porque en los pueblos anglosajones, los que invadieron las islas británicas gobernadas por el Imperio romano, tenía ya ese carácter; porque los ingleses imperialistas del siglo XIX lo mostraron con suma crudeza; y porque un número importante de sus descendientes norteamericanos (blancos y protestantes) siguen todavía mostrando a pesar de los grandísimos avances ese mismo carácter, aunque dirigido sobre todo a los que son diferentes a ellos y abundan más en los actuales Estados Unidos: los hispanos.

Los hitos más importantes en este modo de ser y de actuar anglo-sajón en la historia podemos caracterizarlo mediante la institucionalización de estas tres prácticas sociales, algunas de las cuales alcanzaron el estatuto de ley:

1. La *esclavitud* fue una práctica constante entre los anglosajones que se afincaron en Inglaterra, y que eran oriundos del norte de la actual Alemania. Los mismos que después marcharían a un Nuevo

Mundo que consideraron como de su propiedad. Los anglosajones que llegaron a Inglaterra esclavizaron a todos los pobladores previos que consiguieron salvarse del afán exterminador. En la época moderna, los ingleses fueron comerciantes de esclavos hasta que las necesidades de la economía dejó de demandarlos, primero en la propia Inglaterra y después en Norteamérica. Fue en Norteamérica, por tanto, donde de un modo sistemático, los estadounidenses organizaron su economía en base al sistema esclavista, y hasta que la nueva industria no llegó a los límites de su nación, la esclavitud fue defendida a sangre y fuego. El ejemplo más claro estuvo en su guerra de secesión.

2. Los anglosajones llevaron a cabo, en todos los territorios bajo su control, una *segregación racial* que incluía la prohibición del mestizaje. Cuando estas tribus accedieron a las tierras conquistadas, tras su entrada en las islas británicas el siglo VI, prohibieron los matrimonios mixtos, y lo mismo hicieron muchos siglos después los imperialistas ingleses en India. Esta segregación que los anglosajones venían practicando, fue también la que practicaron sistemáticamente en la Sudáfrica pre–Mandela, en Rodesia o en los Estados Unidos, por ejemplo. Solo con el paso de muchos años esta política, diferenciadora de unos hombres respecto de otros, fue difuminándose. Pero en los Estados Unidos la prohibición de matrimonios mixtos, la de gozar *de facto* de todos los derechos civiles o la de entrar en las escuelas de los blancos, por parte de la población negra, estuvo en vigor hasta hace muy pocas décadas en algunos Estados. Respecto de los matrimonios mixtos, el caso que sentó jurisprudencia de cara a terminar con tan sangrante segregación fue en 1967: el de «Loving contra Virginia». La corte suprema de Estados Unidos sentenció que las leyes que prohibían el matrimonio interracial no era ya válidas. Sentando con tal decisión jurisprudencia.

3. Los anglosajones acabaron con la mayoría de las poblaciones originarias de los territorios conquistados, llegando en algunos casos al *exterminio*. Cuando arribaron a las costas de la ex Britania romana, tras la caída del Imperio romano, acabaron con la vida de la inmensa mayoría de celtas y britano–romanos, salvo los pocos que pudieron huir y los que después fueron esclavizados. En la época moderna, entre el siglo XVIII y XIX, los ingleses hicieron lo mismo en Oceanía. Y los anglosajones norteamericanos hicieron lo mismo con la población india de Norteamérica desde que llegaron a sus costas, aunque sucedió que, una vez que los Estados Unidos se consolidaron como nación política, el exterminio de los indios fue mucho más allá, pues fue orquestado políticamente.

Por ahora solo hemos incidido en que el componente anglosajón explica el *racismo congénito* de los Estados Unidos de Norteamérica desde una perspectiva histórica. A partir de ahora debemos presentar los argumentos que derivan de las ideas religiosas de carácter protestante, y solo cuando hayamos concluido con ello, será cuando nos centremos en los argumentos racistas derivados del desarrollo científico. Los tres focos de argumentación que estamos considerando son muy potentes y se involucran unos con otros para arraigar en esa doctrina perniciosa sobre todo para los hispanos que forman parte de la población de Estados Unidos, y que representa la antítesis del perfil WASP y para muchos la *némesis* de los Estados Unidos. Es decir, una población mestiza, de religión católica y de cultura hispana.

II. El protestantismo como fuente del racismo anglosajón

Por qué, si se requiriera otra razón, en favor de elevar ahora esta cuestión de recibir a Texas dentro de la Unión, fuera de la región más baja de nuestras pasadas disputas de partidos, hasta su propio nivel de una alta y amplia nacionalidad, seguramente será encontrada, encontrada abundantemente, en la manera en la que otras naciones han emprendido para inmiscuirse en ello, entre nosotros y las partes adecuadas para el caso, en un espíritu de interferencia hostil contra nosotros, con el objeto proclamado de torcer nuestra política y obstaculizar nuestro poder, limitando nuestra grandeza y bloqueando el cumplimiento de nuestro destino manifiesto de cubrir el continente señalado por la Providencia... (John O'Sullivan, «Annexation (1845)», *U. S. Magazine and Democratic Review*).

1. La «patrística» protestante

En los primeros siglos de nuestra era, la cristiana, muchos mártires alcanzaron la santidad, y es que ser cristiano, en esos tiempos, no era una tarea fácil.

También la teología cristiana tuvo durante esos primeros siglos, un arranque difícil, y entre los teólogos –que han sido denominados por ser los primeros como «padres de la Iglesia»– hubo muchos que merecieron ese estatus, aunque no todos lo consiguieron, ni los podemos incluir entre los mártires. Pero de estas cuestiones doctrinales no vamos a hablar. Solo las hemos introducido para justificar el calificativo de los fundadores de las primeras iglesias protestantes como «padres» también.

El año de referencia para la Reforma protestante es 1517. Este fue el año en el que Martín Lutero clavó, en la puerta de la iglesia de Wittenberg, sus famosas noventa y cinco tesis. En ninguna de las cuales, por cierto, aparecía ataque alguno a los dogmas de la Iglesia. El ataque a los dogmas y a la jerarquía se daría posteriormente, cuando los príncipes alemanes instrumentalizaron la confrontación del monje agustino con la jerarquía eclesial, para conseguir lo que siempre habían querido: las posesiones eclesiásticas. La rebelión de Lutero no solo les iba a proporcionar riquezas sino el total control sobre sus iglesias particulares una vez desvinculadas de Roma, rompiendo el principio de separación de Iglesia y Estado. Así pues, los príncipes, animados por Lutero, fueron los auténticos baluartes de la ruptura con Roma, quitando el protagonismo a algunos humanistas y escolásticos que también abrazaron las ideas protestantes.

La lucha de religiones hasta esas fechas se daba entre el cristianismo y el islam, pero los conflictos iban a ampliarse en un nuevo foco de lucha de religiones ahora en el seno del cristianismo, siendo este el nuevo motivo para continuar los enfrentamientos entre Estados. Los primeros años fueron los años de confrontación entre los príncipes alemanes, que habían abrazado el luteranismo, y Carlos I rey de España y también de Alemania (Carlos V, como Emperador del Sacro Imperio Romano Germánico). Este mandatario, el más poderoso de los reyes europeos desde tiempos de Roma, queriendo la disolución de los conflictos, promovió la convocación de un Concilio, que se llevó a cabo en la ciudad de Trento (en ese tiempo era territorio del Sacro Imperio Romano Germánico, hoy día lo es de Italia). Los intereses del emperador se vieron frustrados, cuando el concilio llegó a su fin, ya reinando en España el hijo de aquel, Felipe II, y siendo el emperador alemán su hermano Fernando.

La Reforma del cristianismo que emprendió Lutero trató de ser desde el principio de una sola Iglesia. Lutero quiso dotarla de unidad, pero no lo consiguió (hoy día hay alrededor de tres mil iglesias reformadas protestantes, de muy diferentes tamaños y relevancia). Esa unidad, querida por Lutero, se ha visto que no era imprescindible, al menos para lograr metas muy similares a la de los príncipes alemanes que fueron los primeros políticos en abrazarla. Con el paso de unos pocos siglos, de modo paulatino, algunas de estas iglesias se hicieron fuertes frente al catolicismo. El poder temporal de la Iglesia se perdería, paralelamente a la decadencia de la potencia política que con mayor insistencia la había arropado, la española. En 1870 los Estados Pontificios dejaron de ser un Estado y el papa de Roma quedó recluido tras las murallas del Vaticano, un pequeño territorio que, junto con el resto de Estados pontificios, pasaba a pertenecer a la nueva Italia unificada. España había perdido también la inmensa mayoría de sus posesiones ultramarinas, y en 1898 España perdería lo que todavía regentaba al otro lado del Atlántico y en el Pacífico. Pero con esto estamos señalando unos acontecimientos que, aunque muy relevantes para lo que queremos tratar, ya estaban muy alejados en el tiempo con relación a lo que aquí nos interesa destacar. Los acontecimientos en que queremos incidir se dieron varios siglos antes de lo mencionado. Debemos centrarnos pues en la confrontación entre el mundo católico y el protestante de los siglos XVI y XVII, cuando España controlaba el orbe e Inglaterra aspiraba a ello sin lograrlo, pues solo lo conseguiría mucho más adelante. Solo después de clarificar estos sucesos volveremos a la época actual, en la que ni España ni Inglaterra son lo que fueron.

Así pues, tras la caída del Imperio español, al frente de la historia se fueron sucediendo fuerzas imperialistas que no abrazaban el catolicismo. Como ya hemos señalado, el primero en oponerse a los intereses de España había sido el mundo germano, al rebelarse contra el emperador Carlos y su catolicismo. Pero esta confrontación, aunque de gran importancia, tanto por cuestiones políticas como por la situación cismática irreversible provocada no iba a ser la más relevante. El primero en tomar el testigo de seguir escribiendo la Historia Universal no fue ningún príncipe alemán. Fueron los descendientes de los anglosajones. Pero para que Inglaterra y posteriormente Gran Bretaña tomara las riendas de este complejo carruaje tuvieron que darse muchas circunstancias que pasamos a exponer brevemente.

2. El protestantismo inglés

Los ingleses se separaron de la Iglesia católica con Enrique VIII. Los primeros años de su reinado se caracterizaron por una ferviente adhesión al papado y contra la Reforma luterana, pero la negativa del papado a su petición de divorcio desencadenó la ruptura. Enrique se había casado con Catalina de Aragón, una de las hijas de los Reyes Católicos. La falta en la descendencia real de un varón fue, al parecer, el detonante de la petición de divorcio. Tras la ruptura con el papado y la asunción, por parte del rey, del poder espiritual de la iglesia escindida, mediante lo que conocemos como «Acta de Supremacía», se casó en segundas nupcias con la cortesana Ana Bolena. De ese matrimonio nació Isabel, la que sería futura reina, y la que afianzaría la Iglesia anglicana. Enrique VIII inició como jefe de estado y jefe religioso una persecución masiva de católicos en 1534 por ser considerados traidores a Inglaterra, estos católicos ingleses fueron llevados al patíbulo por su rechazo del Acta y por no aceptar la ruptura con el papado. De entre todas las ejecuciones, las de mayor relevancia histórica, a la vez que muestra de la determinación de Enrique VIII, fueron las de Juan Fisher y Tomás Moro, dado el estatus social, político y religioso que habían alcanzado.

La hija de Enrique VIII, Isabel I, sería la que consolidaría la ruptura entre la Inglaterra de la época y Roma. A la reina Isabel, por el hecho de no casarse y no dejar descendencia, se le dio el apelativo de la «Reina Virgen». Paralelamente, motivó la confrontación con la España imperial de Felipe II, aunque a este frente se añadían otros intereses políticos, geoestratégicos y económicos además de los religiosos. Tanto la Corona inglesa como los aristócratas apetecían los bienes comunales de la iglesia católica. El ejemplo de los príncipes alemanes, que abrazaron y promovieron el luteranismo, les sirvió de guía. Con las nuevas «adquisiciones» territoriales, derivadas de la expropiación mencionada, surgió una clase terrateniente que se congració con la corona, a partir de ese momento para poner el foco en los bienes del Imperio español.

El mismo rey Felipe había sido rey de Inglaterra e Irlanda (*iure uxoris*), desde 1554 hasta 1558, al casarse con la reina María I, hija de Enrique VIII y Catalina de Aragón. Tras el fallecimiento de María I, y con la ruptura propiciada por su sucesora, mediante la justificación religiosa, se abriría la veda para atracar sistemáticamente las naves españolas que atravesaban el Atlántico. Además, durante el reinado de Isabel I, se llevaron a cabo tres expediciones para asentarse en las costas americanas. Expediciones que fueron un fracaso.

Paralelamente se habían ido introduciendo en la isla, tanto en Inglaterra como más al norte, en Escocia, las doctrinas desarrolladas por otro de los importantes reformadores protestantes: Juan Calvino. La relevancia de estos cristianos reformados en la historia de Inglaterra y Gran Bretaña no es desdeñable pues iban a reforzar un modo de entender al ser humano muy diferente del modo de entender de los católicos. La doctrina calvinista aceptada por los ingleses iba a provocar importantes transformaciones en lo social, en lo económico y en lo político, al adecuarse a una tradición supremacista a la que ya hemos atendido previamente. «Ser hombre» no era lo mismo, para un inglés que ser un «hombre anglosajón». El hombre inglés, tal y como se veía a sí mismo, era susceptible de situarse por encima de otros hombres considerados inferiores. Este modo de ver al «hombre inglés» había sido asumido por los sacerdotes y obispos anglicanos (remitimos a lo dicho en el capítulo anterior), pero iba a reforzarse positivamente con el modo de ver el asunto por parte de estos cristianos fruto de la Reforma.

Los calvinistas estaban enfrentados a la Iglesia de un modo incluso más enconado, y querían eliminar todo resquicio de catolicismo en la Iglesia anglicana. Por ello, los anglicanos los denominaron de un modo algo despectivo, como «puritanos». Los calvinistas del norte, los escoceses, ponían sobre todo el acento en ideas igualitarias. Se denominaron como presbiterianos (para este colectivo no había autoridad por encima de ellos, pues se tenían por continuadores de los cristianos originales, o al menos tal y como habían sido y actuado los cristianos en esos primeros tiempos; *presbyteri* significa «antiguo»). Puritanos y presbiterianos tuvieron una importante influencia en la conformación de la ideología racista, que solo precisaba de reforzamiento, pues ya estaba muy desarrollada entre los ingleses, como explicamos en el capítulo anterior. Con estas ideas religiosas individualistas lo que sucedió es que tal idiosincrasia terminó por consolidarse en Inglaterra. Y los primeros en sufrir ese rechazo fueron los que estaban más cerca: los católicos escoceses e irlandeses. El segregacionismo y el supremacismo contra estos últimos procuró una confrontación que ha durado hasta tiempos muy recientes (podríamos ver en ello algo muy similar a lo que luego supuso –en Sudáfrica y Namibia– el *Aparheid*). Este segregacionismo y supremacismo, infringido en los territorios de las Islas británicas, ha derivado en un conflicto que dura hasta el día de hoy, como prueban las tensiones latentes en Irlanda del Norte entre católicos irlandeses y protestantes británicos.

Pero vamos a desarrollar estos asuntos más en detalle. Los puritanos odiaban a los católicos, querían eliminar todo aquello que pudiera asemejarlos, y que la Iglesia anglicana todavía asumía. Nos referimos a la jerarquía, los sacramentos, la liturgia, la vestimenta para los oficios, etcétera. Los puritanos comenzaron a hacerse fuertes en el reinado de Isabel I, que acabó con el catolicismo de Estado también en Escocia, tras el encarcelamiento y posterior ejecución de su prima, María Estuardo. Donde no lo logró fue en Irlanda, su actuación allí hizo que el papa Pío V la declarara hereje en su bula *Regnans in Excelsis*.

Pero ese motivo no fue el único por el que podía haber sido considerada herética, durante su reinado fueron expulsados del territorio británico todos los católicos. Los que no se fueron, sufrieron persecución, y si se daba con ellos terminaban asesinados y masacrados. La reina promocionó un método muy eficaz para que ningún católico se ocultara, el método fue el de la «delación vecinal». Cualquiera que supiera de un vecino católico debía denunciarlo, pues el hecho de no hacerlo podía llevar asociada una pena de iguales características. La delación vecinal fue tan sumamente eficaz que en muy pocos años no quedó rastro de catolicismo. Así pues, murieron también los que, no siendo católicos, simplemente querían ayudar a estos ingleses como ellos, en sus desventuras. Incluso se ajustició a cualquiera que tuviera en su casa obras escritas por los «autores papistas». Los textos escritos por católicos fueron prohibidos por esa suerte de «policía del Estado» que fue, tal y como estamos comprobando, mucho más férrea y cruenta que la Inquisición española. El lugar de ejecución más importante era Tyburn, una pequeña aldea muy cercana a Londres, que ya había sido famosa tras el Acta de Supremacía, pues allí Enrique VIII había ordenado ejecutar a un gran número de religiosos y de fieles católicos. Muy cerca de ese enclave, que funcionó ininterrumpidamente como maquinaria de muerte administrada hasta finales del siglo XVIII, se encuentra –desde que allí lo trasladaron en 1851– el majestuoso arco de triunfo *Marble Arch*. En Tyburn se acabó con la vida de muchos miles de personas, pero tanto el lugar como estos sucesos son totalmente desconocidos por el gran público al estar acallados –como por otra parte es lógico– por la propaganda proinglesa, antiespañola y anticatólica.

Muy pocas décadas después del fallecimiento de Isabel I, Oliver Cromwell, un puritano convencido, protagonizó en Irlanda nuevas masacres indiscriminadas contra la población. Allí se siguió un patrón similar al llevado durante la conquista anglosajona en el siglo VI: exterminio de la población local, ocupación de sus tierras, esclavitud y segregación para los supervivientes. Para conseguir que se llevaran a cabo las masacres, además de ese profundo desprecio por los que quedaron vivos, solo tuvo que fortalecer el odio que las tropas tenían ya por los soldados irlandeses católicos. Al parecer, la justificación para tal comportamiento era que los católicos habían hecho previamente algo similar, pero el número de víctimas en uno y otro caso es muy diferente. Aunque las lecturas de esos sucesos son diferentes, según atendamos a las fuentes inglesas o irlandesas, podemos asegurar que las acciones del ejército inglés no difieren del modo de actuar de los primeros anglosajones respecto de los britanos, en el siglo V y posteriores; las que los americanos, descendientes de los puritanos anglosajones que desembarcaron en tierra americanas, infringieron a los indios en la conquista del futuro territorio estadounidense, o el inferido a los aborígenes australianos y de territorios adyacentes por los colonos británicos en el siglo XIX (podríamos seguir, pues ya hemos mencionado con anterioridad actuaciones similares en otros lugares). El ejército comandado por Cromwell llevó a cabo dos sonadas masacres: tras el asedio del puerto fortificado de Drogheda, ocurrido en el mes de septiembre de 1649, las tropas de Cromwell acabaron con la vida de más de tres mil irlandeses, entre los que se contaban multitud de civiles, además de los sacerdotes de la ciudad. La segunda se perpetró un mes después, tras el saqueo de otra ciudad portuaria, Wexford. Allí la masacre se cobró a unas tres mil quinientas personas, la mitad de ellas civiles.

3. La lucha de religiones en el seno de la confrontación de Estados

La lucha entre diferentes Estados nunca cesa, y las confrontaciones que se dan entre ellos procura una serie de transformaciones que, por otra parte, no son ni serán definitivas. Tampoco ha terminado la lucha de religiones, pese a que los conflictos que se han denominado como tales sean cosa del pasado. Las diferencias entre instituciones como son la Iglesia y el Estado, no nos permiten hablar en los mismos términos de unas y otros, aunque sí considerar los conflictos que se dan entre las diferentes religiones y, separándolos, entre los Estados. Aunque en algunos casos ambos conflictos guardan estrechas relaciones. Los Estados no pueden dejar de tener en consideración las religiones y los conflictos que ha habido y hay entre ellas. Conflictos que se presentan de diferentes modos, entre los que debemos considerar a los que permanecen de un modo latente. Además, lo que denominamos «lucha de religiones» solo puede ser tenida en cuenta en el marco de la instituciones estatales. Pudiendo surgir en el seno de uno, o en la confrontación de dos o más.

El choque entre católicos y protestantes tuvo, y sigue teniendo a día de hoy, diferentes modos de darse. Si seguimos el orden cronológico que ya hemos apuntado previamente, el choque empieza con la rebelión de los príncipes germanos que auparon a Lutero frente al papado. Continuamos con la ruptura de Iglesia de Inglaterra. Esos eran los dos que hemos mencionado previamente, pero hay otras muchas confrontaciones, en Flandes, en Francia, y en otros reinos europeos.

En Francia las reacciones contra la Iglesia no solo partieron de los calvinistas hugonotes, también hubo controversias internas focalizadas en las mismas metas que buscaban los reformados, entre las que destacamos la de socavar el poder del papado. Eso en cuanto a temas doctrinales, pero respecto de la visión general del mundo, en Francia tampoco se dio una gran diferencia con lo que pasaba en tierras anglosajonas, algo que después sucedería en Alemania. La nueva filosofía que se estaba instaurando en estos lugares se adecuó al modo de entender el mundo de los reformadores y críticos del catolicismo: el racionalismo individualista que encumbraba el nuevo modo de hacer filosofía, armonizaba perfectamente con el individualismo protestante, que en su evolución doctrinal –que iba a poner el acento en la relevancia de la conciencia individual– terminó por señalar al hombre, y no a Dios, como origen de lo religioso (desplazando así la Revelación del papel que tenía y sigue teniendo para los católicos). De manera que esta filosofía se adecuaba perfectamente a los planeamientos acomodaticios del protestantismo. Tal asociación iba a ser una herramienta cada vez más eficaz para minar la dogmática católica.

Hemos evidenciado que los intereses de Inglaterra confrontaban con los del Imperio consolidado de España, y que desde los tiempos de Isabel I trataron de llevar a cabo el desembarco en las costas de América, el éxito solo lo consiguieron en tiempos de los sucesores de esta reina, cuando ciertas sociedades mercantiles lograron instalarse en el noreste del continente, pero el hito más importante fue el desembarco de un grupo de puritanos calvinistas que habían salido de Inglaterra. Estos puritanos habían abandonado Inglaterra por la falta de entendimiento con los anglicanos, respecto de las prácticas morales y la presencia de algunos elementos católicos en la Iglesia Anglicana (los puritanos eran mucho más estrictos en sus comportamientos morales y profundamente anticatólicos). Los anglicanos habían sido, junto a los puritanos, los que habían consolidado el reinado de Isabel I, pero los primeros fueron los que alcanzaron una mayor influencia para con el rey sucesor, Jacobo I, hijo de la reina María I de Escocia. Rey que, como la anterior, era a la vez cabeza espiritual de la Iglesia anglicana (el cesaropapismo se había instalado en ese reino de la Europa cristiana occidental). Con el reinado de su hijo Carlos, los puritanos perdieron parte de su influencia política. Y solo cuando Cromwell se hizo con el poder, volvieron a imponerse a los anglicanos.

4. El calvinismo desembarca en la nueva «Tierra prometida»

Las tesis de aquellos *presbyteri*, a los que nos hemos referido previamente, se introdujeron en los nuevos territorios americanos. Los presbiterianos habían abogado por un igualitarismo ecualizador, el mismo que sirvió –en connivencia con la política anticatólica de Isabel I– para apartar del trono escoces a la papista María Estuardo. Las ideas igualitaristas que defendían, respecto de la organización de su Iglesia, anulaban cualquier jerarquía institucionalizada. Eso sí, el igualitarismo tenía unos límites muy marcados, los derivados del supremacismo y el racismo que les caracterizaba, y que marcaba unas drásticas diferencias con el igualitarismo de los católicos españoles, que eran sus máximos enemigos por estas y otras razones doctrinales. Estos últimos habían llevado a cabo un mestizaje que venía de tiempos anteriores, pues pese a ciertas restricciones derivadas del modo de ver de otras creencias, la de los cristianos en la España medieval no ponía grandes pegas para la mezcolanza con judíos y musulmanes de diferentes etnias, como los bereberes, los árabes, los sirios, etc. Por cierto, esta característica propia del igualitarismo cristiano español, derivaría en que, en otros lugares de Europa, dominados por el imperialismo español, o enfrentados a él –el sur de Italia, Flandes, los *landers* alemanes, o los reinos de Inglaterra o Francia– se vieran esas prácticas de mezcolanza racial como uno de los argumentos fuertes de la *Leyenda negra*.

Estos calvinistas fundaron algunas de las trece colonias de los futuros Estados Unidos de Norteamérica: las que estaban en lo que a día de hoy se conoce como Nueva Inglaterra, y que consta de seis de los Estados – Massachusetts, Rhode Island, Connecticut, Vermont, New Hampshire y Maine– que conforman los Estados Unidos. Y lo que consiguieron fue que su modo de entender su supremacista organización social, fuera la triunfadora en la expansión que se llevaría a cabo. Lo consiguieron, entre otras cosas por la ruptura con su lugar de origen: el republicanismo de tintes presbiterianos que se instalaría en Estados Unidos ordenaba que no hubiera ni nobleza, y mucho menos una iglesia nacional. A día de hoy, la mayor parte de los historiadores pone el acento en ese republicanismo que definió a los anglosajones de Estados Unidos, y que marcaba grandes diferencias con el régimen aristocrático y monárquico del que los anglosajones de Inglaterra parecen estar tan orgullosos. Cómo consiguieron esos logros es a lo que a partir de ahora, vamos a dedicar nuestra atención. De modo que debemos incidir en cómo fue la llegada de estos colonos al Nuevo Mundo, cómo se expandieron y como rompieron lazos con el imperialismo británico.

Jacobo I (1603–1625), el sucesor de Isabel I, había liquidado el poder de la nobleza y afirmado el poder del anglicanismo sobre otros grupos protestantes. Los nobles se habían enriquecido, desde el reinado de su predecesora en el trono, Isabel I. La Inglaterra agraria había sido transformada para poner en marcha una economía más adecuada a los nuevos tiempos y la población había sufrido las consecuencias de estos cambios. El modo en que Isabel I se había quitado de encima el problema de la depauperación fue la canalización de estos hombres sin futuro hacia la piratería. En tiempos de Jacobo I se animó, a los súbditos de la corona, a desarrollar una actividad menos sangrante para los intereses de otros reinos (el más afectado, como todos sabemos, el español). Esta actividad fue el colonialismo. Para trasladar a estos futuros colonos a tierras ultramarinas hubo dos importantes empresas: la *Compañía de Londres* y la *Compañía de Plymouth*, las cuales iban a poder explotar nuevos territorios americanos a los que todavía no había llegado ningún español, los que estaban más al noreste del continente.

En 1607 la Compañía de Londres fundó la primera colonia, la que fue bautizada como Virginia. Los avatares sufridos por estos primeros colonos hicieron que esta Compañía desistiera en su afán de negocio permitiendo que los colonos que habían transportado tuvieran autonomía de gobierno y propiedades. Entre esas propiedades comenzaron a contarse esclavos. El primer contingente de los mismos llegó en 1619. Con el paso de poco tiempo las plantaciones de tabaco, trabajadas por este tipo de mano de obra, crecieron exponencialmente. Los terrenos para el cultivo habían sido, hasta la fecha, usufructuados por los indígenas. Cuando se les arrebató sin miramiento alguno, reaccionaron del único modo que podían hacerlo, violentamente. Pero los indígenas no tenían posibilidad de ganar la partida, y fueron masacrados. Lo que sucedió con estos indios, sucedió también en el resto de colonias que fueron inaugurándose posteriormente, y que conformarían los Estados Unidos de Norteamérica.

Fue en los primeros años del desembarco de anglosajones en el noreste de Norteamérica, que las colonias de Nueva Inglaterra se llenaron de los puritanos que habían salido huyendo de Inglaterra. Las tensiones de la Iglesia anglicana, con sectas y corrientes puritanas, derivaron en que estos últimos tuvieran que tomar la decisión de marchar a otros lugares más adecuados, donde desarrollar su modo de entender el culto y el orden social asociado a él. Estos puritanos primero habían emigrado a Holanda, pero allí también tuvieron problemas doctrinales y de orden social, en este caso achacado a lo que ellos consideraban un exceso de libertinaje. Así pues, pese a haberse asentado ya en Holanda, tomaron la decisión de abandonarla y de comenzar una nueva vida en América. Decidieron viajar a los territorios que ya habían sido cedidos a la Compañía de Londres, concretamente a la ciudad fundada por los colonos que allí había llevado esa Compañía, y que le habían dado el nombre de su Rey: Jamestown. De modo que negociaron con la *Compañía de Londres*, comprometiéndose a trabajar con ellos hasta que pudieran abonar el valor del pasaje. El problema es que lo vientos los dirigieron más al norte, a los territorios que pasarían a denominarse Nueva Inglaterra. Este largo viaje, emprendido en septiembre de 1620 a bordo del famoso barco de nombre *Mayflower*, es el que hizo que se les denominara como peregrinos. Esta migración, tal y como fue denominada, produjo una extensa colonización por los nuevos territorios. Los peregrinos, con el paso del tiempo pasaron a denominarse por sus descendientes «padres peregrinos». De este modo es como sucedió que las doctrinas protestantes, y en particular su puritanismo, tomaran un nuevo y gran impulso en los territorios ultramarinos.

En Nueva Inglaterra está en la actualidad el estado de Massachusetts, un lugar que tiene para los estadounidenses una gran relevancia histórica. Para muchos es la representación de lo que había sido para los primeros colonos. Para estos, Nueva Inglaterra iba a ser una nueva «Tierra prometida» pues, como hemos señalado, se habían sentido expulsados y abocados a un éxodo, como el de los hebreos que vivían en Egipto, siendo así el nuevo «pueblo elegido» por Dios. La purificación que buscaban estos peregrinos era la de una Iglesia, la anglicana hegemónica, que tenía vestigios de un catolicismo que odiaban y despreciaban. Limpiarse de catolicismo y de los que les tenían todavía algún aprecio era lo que pretendían: esa era la purificación que buscaban, y no otra. La solución solo podía llegar con la construcción de la «Nueva Jerusalén» en la Tierra.

En poco tiempo, el número de los descendientes de los padres peregrinos alcanzó una gran cifra. Solo había pasado un siglo y el número de nuevos habitantes había alcanzado los dos millones, aunque no solo por una fructífera natalidad, que lo era, sino también porque seguían llegando muchos inmigrantes del norte de Europa: muchos ingleses, pero también poblaciones principalmente blanco–germánicas– protestantes como alemanes, holandeses, suecos, daneses, etc. Gentes con ganas de trabajar en esas nuevas tierras que el Imperio inglés iba a hacer suyas, pues muchos de los colonos, pese a su deseo de dejar Inglaterra, no se desvincularon del reino. Con el paso de unas cuantas décadas, el control administrativo de casi todas las colonias fue de la corona inglesa.

Pero previamente al control de las colonias por parte de la corona inglesa, estas fueron multiplicándose, hasta llegar al número de trece. Entre ellas hubo algunas en las que los que llegaron no eran anglosajones: la actual Nueva York fue en principio una colonia holandesa; Delaware fue inaugurada por suizos luteranos; Maryland por católicos. Pero con el paso de unas pocas décadas, el Imperio inglés se hizo con el control de casi todas ellas, tomando las riendas en el terreno de lo político. El catolicismo de Maryland no duró mucho. Tras una dura oposición que consistía sobre todo en ocupar tierras adyacentes con puritanos, esos católicos renegarían del credo de sus padres. A mediados del siglo XVIII once de las trece colonias estaban controladas por el Reino Unido y los colonos solo tenían control sobre las otras dos: Maryland y Pennsylvania.

Los colonizadores que habían llegado de muy diferentes lugares de Europa, eran grupos minoritarios respecto de la mayoría inglesa, y hubieron de aceptar el orden impuesto por Inglaterra. Pero no sin introducir en la sociedad que estaba ordenándose algunas variantes. Entre ellas, una gran proliferación de modos de entender el protestantismo, que socavaron el monolitismo puritano. Los diferentes modos de entender el cristianismo, la mayoría de ellos mucho menos radicales que el de los padres peregrinos, derivó en que la rígida doctrina de estos no fuera la visión hegemónica, pasando a ser una más entre otras. Uno de estos grupos reformados más influyentes para el abandono de la radicalidad fue el de los cuáqueros que fundaron Pensilvania. En Filadelfia, su capital, fue donde se firmó, por parte de los que más adelante se denominarían los «padres de la Patria», la declaración de independencia. Pensilvania fue un foco de una tolerancia religiosa que contrastaría con lo que previamente había sucedido, pues el protestantismo que se había extendido por los reinos europeos era profundamente intolerante. Con todo, el modo de entender lo que es el «hombre» según los puritanos no iba a ser anulado, y con ello la intolerancia indisociable de tal modo de entender. El protestantismo había nacido intolerante. Intolerante siempre entre sus diferentes iglesias, sectas y cultos, e intolerante sobre todo con el catolicismo.

De manera que, con el paso del tiempo, incluso las colonias fundadas por los padres peregrinos fueron dejando de lado, de un modo u otro, esa moral tan rígida de los primeros tiempos, incluso el sentido comunitario que estas tenían, para fomentar un individualismo que abrazaban los cristianos reformados desde su origen. Y a esta transformación se sumó que la gran cantidad de nuevos inmigrantes que iban llegando, y que traían, además de una gran variedad doctrinal, unas costumbres de distinto calado. La mayor preocupación de los nuevos inmigrantes era la económica frente a esa resucitación de la Nueva Jerusalén. El ideario puritano se fue transformando como hemos podido comprobar en una ideología adecuada al nuevo imperialismo que iba siendo asumido por los dirigentes. Eso sí, el control político nunca fue abandonado por los anglosajones, a los que ningún otro grupo étnico logró desbancar. El interés por triunfar económicamente, derivado de la fuerte impronta calvinista, hizo que la mercantilización se expandiera por las trece colonias, y la relevancia de la prosperidad económica, como signo de predestinación, sería la que también marcaría la pauta de la idiosincrasia naciente de esta nueva nación política. Sin duda, las implicaciones de este modo sumamente individualista de entender al hombre, promovido por la Reforma protestante, iban a definir el futuro de los Estados Unidos.

Además de estos europeos también llegaron africanos en gran número. Hombres que iban a ser toda su vida esclavos. El número de estos últimos, previamente a la guerra de independencia que iba a desarrollarse entre 1775 y 1781, era de alrededor de medio millón. Pero la gran cantidad de esclavos no fue un problema para los amos, pues estos iban creciendo exponencialmente. Los colonos, los primeros puritanos, pero también los de otras doctrinas reformadas, tenían todos ellos una altísima tasa de natalidad, que dejaba muy lejos ese número de medio millón de esclavos, y con ello, un fácil control. Considerando también el poder que daban las armas de fuego, a la hora de ejercer la coerción necesaria para mantener el *statu quo*.

Por otra parte, también se daba una gran preocupación por la natalidad y por la educación de sus hijos. Una educación dependiente de su modo de entender cómo debían comportarse los hombres en su relación con la tierra y con otros hombres, los semejantes y los que eran «menos semejantes». En el seno de las familias los hijos debían leer la Biblia desde temprana edad. No en vano esta era una de las preocupaciones constantes de los reformados. El afán educador y sobre todo alfabetizador, para que los miembros de la Iglesia puritana pudieran entender las Escrituras por si mismos, derivó en que los puritanos fueron la población con mayor grado de alfabetización de todo el mundo, no solo de los futuros Estados Unidos. Esto influyó sobremanera en la política, ¿cómo?, del siguiente modo: no hay más que atender a que, en los años previos a la Revolución, había alrededor de cuarenta periódicos editándose, y todos sabemos el papel que la prensa ha tenido en los movimientos políticos y sociales desde que existe.

La interpretación rigorista de las escrituras, por parte de los calvinistas, iba a implicar que los colonos norteamericanos justificaran la esclavitud y el exterminio de todos esos nuevos pueblos, con los que el hombre civilizado se había encontrado en su alejarse de sus lugares de origen. Unos pueblos que se daba por supuesto que no habían sido elegidos por Dios al desconocer la verdad revelada. Y uno de los argumentos bíblicos que más se ajustó a este modo de obrar era el que les daba la lectura fundamentalista del Génesis (9:20–27), en la que Noé maldijo a su hijo Cam (que sería el fundador del pueblo de Canaán). Las interpretaciones de este hecho se dirigirán a que Cam, a partir de la maldición, tendría la piel diferente, negra. Los que tuvieran esa piel iban a ser considerados siervos o esclavos por los de piel blanca. De manera que podemos afirmar que el segregacionismo que se dio en Estados Unidos, como el que se produjo en Sudáfrica, y en otros lugares del globo bajo el dominio Británico (Rodesia, Australia, Nueva Zelanda, etc.) tenía una justificación bíblica basada en la interpretación de las Escrituras según el principio protestante de *sola scriptura*. Justificación que no iba a ser la única, pues el desarrollo de la ciencia iba a añadir otras. Pero de ello trataremos en el próximo apartado.

5. La moral protestante

Una de las características más conspicuas de los puritanos calvinistas, heredada del propio Calvino, era la de su fanatismo. Los puritanos de las diferentes colonias que se iban arraigando, a la vez que iban ampliando sus territorios, se caracterizaron por ello mismo. Este fanatismo provocaría algunas reacciones que derivaron en la multiplicación de cultos con diferentes grados de firmeza doctrinal. En muchos casos los habitantes de las colonias, los que tenían creencias menos firmes, hubieron de emigrar a lugares más sureños o hacia el interior. La colonia de Massachusetts, que como sabemos es una de las colonias situadas más al norte, se caracterizó por una férrea doctrina que infringió terribles castigos a otros miembros de otras Iglesias. Castigos que iban desde la mutilación hasta la pena capital.

Las enseñanzas del Juan Calvino señalaban, de un modo muy preciso, que tanto la salvación como la condena de los hombres no era un secreto para el creador, pues este conocía en detalle, y desde la creación del mundo, cualquier decisión y acción humana. Esto derivaba en que era imposible cambiar nada respecto de la posible salvación, se tomaran las decisiones que se tomasen y se hiciera lo que se hiciera. La omnisciencia divina no dejaba lugar a dudas de ello, y así era asumido por cualquiera de los seguidores de ese teólogo que nunca salió de Ginebra, pero de una influencia tan importante o más que la de Martín Lutero. Esto fue y es así, gracias al papel de tantos y tantos seguidores de su doctrina en Europa, pero más aún, gracias a los puritanos anglosajones de Norteamérica. Esta doctrina salvífica tan encorsetada, que conocemos como la doctrina de la predestinación, iba a estructurar la sociedad estadounidense.

El calvinismo y su doctrina de la predestinación habían influido –tal y como señaló Max Weber en *La ética protestante y el «espíritu» del capitalismo*– en la consolidación del modo de economía capitalista en Europa. En Estados Unidos esta influencia podemos asegurar que no solo se circunscribió a la economía, sino también a una segregación humana que a día de hoy persiste, y que aquí estamos denunciando. Los anglosajones que llegaron a América continuaron con su *modus operandi* en los territorios que iban ocupando, cometiendo las matanzas a las que nos hemos referido, llegando al exterminio en algunos casos. Un exterminio también justificado por el designio divino, por lo que las acciones de los predestinados se ajustaban a esa ley: si se maltrataba, se segregaba o incluso se mataba a los que no habían sido elegidos por Dios, no se cometía pecado ni delito alguno.

En el transcurso de ese desarrollo exitoso sucedió que la hegemonía puritana no decayó, pero sí que fue evolucionando, pues surgieron una gran cantidad de iglesias. Esto tiene lógica cuando la lectura de la Biblia se hace del modo al que anima la Reforma. Podría afirmarse que tanto el baluarte de la Reforma, Lutero, como todos y cada uno de sus seguidores hicieron de todo creyente un sacerdote. Muchos de estos «sacerdotes», denominados habitualmente «predicadores», fundaron sus iglesias particulares, denominando cada una de ellas de un modo diferente y desarrollando modos de culto también distintos, al menos en algunos aspectos. Esto es lo que había sucedido en Europa y es lo que sucedió en Estados

Unidos. La dispersión doctrinal era de esperar, dado que no había una jerarquía ordenadora de las doctrinas, como sí sucedía con la Iglesia católica que había fundado Jesucristo hacía dos mil años, según el relato bíblico (y aunque en esta se hubiera producido algunos cismas, de los que podemos destacar dos de ellos: el que separó a católicos y ortodoxos en el siglo XI, aunque ya iba fraguándose siglos atrás, y el de la Reforma luterana, de principios del siglo XVI).

Los predicadores a los que nos estamos refiriendo, habían asumido esa vieja doctrina luterana, que había calado en la mayoría de reformadores, referida a que «solo la fe salva»: la fe salva y las obras no tienen relevancia alguna a la hora de que Dios pudiera tomar una decisión u otra. La palabra de los predicadores se extendió por todos los territorios que fueron conquistándose de este a oeste y de norte a sur. En esos territorios nadie podía cambiar el color de su piel, ni ninguno de los demás rasgos que podían distinguir a los hombres que habían llegado a ese suelo desde los diferentes continentes. El blanco, el amarillo, el negro o el de «piel roja» (el único autóctono de todos ellos), iban a ser blancos, amarillos, negros e indios por siempre. Los colonos protestantes eran el pueblo predestinado, el pueblo que estaba ya salvado de antemano, mientras que cualquier otro pueblo que estuviera en esos nuevos territorios estaba ya prejuzgado. Su condena estaba dictada desde el principio de los tiempos. La implicación de esta terrible doctrina era la justificación de las obras, pues estas podían tener muy diferente calado, desde las más virtuosas a las más aborrecibles, como pudiera ser el desprecio por la vida humana. El asesinato estaba justificado si se tenía fe, ya que la vida humana solo se apreciaba si era la de los que habían sido tocados por el designio divino para su salvación.

Pero además de ello, el calvinismo también influyó en el desarrollo económico. Como hemos señalado, la palabra de Dios había llegado a los elegidos, y aunque el hombre no podía saber sus designios, podía alcanzar algunas certezas, similares a las expresadas por Weber en su libro *La ética protestante y el «espíritu» del capitalismo*: el mayor indicio de salvación era la riqueza material (dinero y posesiones principalmente). Ese éxito derivó en el desarrollo económico de la Europa protestante a partir del siglo XVII y después en el de Estados Unidos. Las tesis vertidas en su libro, lejos de ser contrastadas en las naciones católicas fueron asumidas sin contestación. En España los ejemplos más destacados son los que expresaron intelectuales como Ramiro de Maeztu, José Ortega y Gasset. Y en los últimos años Antonio Escohotado, si atendemos a sus obra *Los enemigos del comercio*.

No aceptamos las afirmaciones de Weber, seguidor riguroso del calvinismo, pues los argumentos que se dirigen a afianzar su tesis son muy débiles. Y no porque queramos matizar su tesis sino porque la negamos. Podemos aducir de entrada que la mayor influencia, para el ordenamiento laboral que supuso la industrialización, la habían propiciado ya los monasterios y las diferentes órdenes católicas preocupadas por una disciplina laboral –marcada por los momentos de oración que precedían al trabajo monacal– que iba desde el amanecer hasta la puesta del sol, aunque de estas cuestiones pocos se hacen eco. Por otra parte, la supuesta prosperidad que trajo el calvinismo, no se manifestó hasta pasados siglos, pues los lugares prósperos y la riqueza de sus habitantes no sufrieron ningún cambio por la Reforma. Por lo que el éxito venía de atrás y no por ser esos –viejos– ricos los elegidos. Eso sí, en los lugares donde el calvinismo se asentó los católicos tenían muy difícil prosperar pues se les cerraban las puertas a estudios superiores en las universidades.

En la Alemania luterana, paralelamente, Otto von Bismarck puso en marcha la famosa *Kulturkampf* (la «Guerra por la cultura»), que fue un factor añadido para remarcar las diferencias sociales entre protestantes y católicos. Pero eso fue una cuestión política y no ético–religiosa. El caso es que los católicos no lo habían tenido muy fácil en la Europa en la que había triunfado la Reforma. Situación que tuvo una lenta y difícil solución. Por poner unos ejemplos, señalaremos que en Dinamarca no se les permitió la libertad de culto a los católicos hasta mediado el siglo XIX, y en Suecia hasta finales de ese mismo siglo. En lo que iba a ser Alemania, tras la unificación de 1871, la situación de los católicos se hizo todavía más delicada, sobre todo al tener en cuenta que la mayor parte de la Polonia dividida y absorbida por Prusia, debía ser desactivada. El origen de la «guerra cultural», impulsada por Bismarck, tenía como una de sus metas conseguir esa desactivación. Solo tras el final de la Primera Guerra Mundial, y la recuperación del Estado polaco, la situación de los católicos polacos se regularizó. Y, paralelamente, la de los católicos alemanes.

Pero volviendo al asunto del calvinismo, lo que está más que claro es que el ascetismo protestante, que parecía llevar al éxito, no era una suerte de cuerpo único. Los diferentes núcleos protestantes en absoluto tienen una mentalidad común, incluso podemos encontrar tal mentalidad en el catolicismo previo a la Reforma. La idea de predestinación asociada a la consecución del éxito, no es propia de todas las sectas e iglesias calvinistas. A modo de ejemplo señalamos a algunas iglesias baptistas, que lejos de abrazar el capitalismo, lo rechazaron y lo rechazan. Ejemplo de ello son los *menonitas* o los *amish*, que viven apartados del mercado a gran escala, promovido por el sistema capitalista que, según Weber, otros calvinistas afianzaron, Esto, como podemos ver, es una gran paradoja.

Por otra parte, no podemos dejar de incidir en el menosprecio que muestra Weber con los obreros que son creyentes católicos. Los trabajadores alemanes del sur, pero también los del resto de naciones no protestantes, a los que denomina peyorativamente como seguidores del *liberum arbitrium*, además de carentes de escrúpulos e indisciplinados. Estos calificativos marcan la gran diferencia que tienen respecto de los responsables obreros protestantes. Podríamos ahora nosotros decir de Weber que se muestra racista al expresar ese desprecio por el trabajador católico, aunque se adecua mejor el calificativo «supremacista religioso» que le dedica M.

E. Roca Barea en el libro ya mencionado *Fracasología*. Los países no protestantes europeos señalados por Weber son los mismos que a raíz de la importante crisis financiera que tanto les afectó, a finales de la primera década de este siglo, se les conocía popularmente como los PIGS («cerdos» en Inglés; «PIGS» es el acrónimo en ese idioma de Portugal, Italy, Greece, Spain).

6. El racismo anglosajón enfocado a los indígenas «incivilizados»

Esos primeros colonos que llegaron a los territorios del noreste, habían llegado muy mal preparados para soportar los fríos invernales de las nuevas tierras. Sin embargo sobrevivieron. ¿Cómo lo consiguieron? Gracias a la ayuda de los indios, que les proporcionaron ropajes y alimentos, y que incluso les enseñaron a cazar y a las diferentes labores agrícolas adecuadas al territorio. Pero parece que esto, a los colonos, se les olvidó muy pronto. Como sabemos, los anglosajones recién llegados tenían en el calvinismo un argumento añadido para actuar del modo al que la historia nos tiene acostumbrados. Los colonos anglosajones calvinistas eran los hijos «elegidos» por Dios, y los indígenas que les habían recibido y ayudado a sobrevivir no eran hombres, solo alcanzaban el estatus de «animales».

De un modo similar habían considerado los antiguos griegos a sus vecinos. Los denominaban unas veces «animales parlantes», y otras veces «bárbaros», precisamente por el sonido que escuchaban cuando parloteaban: cuando los griegos oían hablar a esos «animales parlantes» solo escuchaban sonidos ininteligibles, una suerte de «bar, bar, bar, bar...». Con todo, los griegos sabían que esos bárbaros tenían un estatus social complejo, más complejo que el de algunas sociedades animales. Por otra parte, Aristóteles afirmaba que solo la palabra diferenciaba a los griegos del resto de seres animados. Este modo de entender a los seres humanos es el que tenían los colonos anglosajones respecto de los indígenas con que se encontraron en las costas del Nuevo Mundo. Ni siquiera los consideraron bárbaros, en un sentido cercano al del planteamiento de Aristóteles, solo vieron en ellos animales, salvajes.

A finales del siglo XIX, cuando se consolidó la sociología como ciencia se expresó una clasificación que permitiría ordenar los distintos grados de evolución social en tres categorías: salvajes, bárbaros y civilizados (*La sociedad primitiva*, Lewis H. Morgan). En base a este ordenamiento –que parecía continuar el punto de vista aristotélico, y el calvinista– los indios iban a seguir siendo meros salvajes. Sin embargo, a día de hoy, este modo de considerar a los ser humanos no tiene predicamento. Podemos destacar lo que señaló el antropólogo Levi–Strauss en su libro *El pensamiento salvaje*: «salvaje es aquel que llama a otro *salvaje*».

Como estamos comprobando, en el siglo XVII no había estos prejuicios actuales a la hora de clasificar a los seres humanos. Los indios eran salvajes y ni siquiera eran dignos de la calificación de barbaros. Mediante este tratamiento lo que se conseguía era que no tuvieran una serie de derechos que sí disfrutaban los hombres civilizados. Entre estos derechos, el de propiedad. Como era de esperar, el modo en que los recién llegados veían a los aborígenes derivó en que los enfrentamientos, entre unos y otros, se hicieran cada vez más numerosos y cruentos. Los nuevos asentamientos de colonos sufrían ataques por parte de los indios, pero eso no iba a ser beneficioso para los intereses de los segundos, pues lo que conseguían era ser expulsados de las tierras que habían ocupado desde hacía miles de años. El número de víctimas indígenas era cada vez mayor. Y como todos sabemos, el enfrentamiento derivó en que los indios quedaron totalmente desplazados de sus tierras y en que fueran casi exterminados.

Como hemos señalado, los padres peregrinos se consideraban el nuevo pueblo de Israel, el nuevo pueblo elegido. Y tal y como había hecho y seguía haciendo el pueblo hebreo, no se iban a mezclar con otros pueblos. También se arrogaban el derecho a colonizar las nuevas tierras como hicieron las doce tribus de Israel en las tierras de Canaán, lo que iba asociado a que iban a poder someter, e incluso exterminar, a todos los que se pudieran enfrentar a este proyecto tocado por la mano de Dios. Los nuevos elegidos vieron en estos enemigos a una suerte de nuevos amalecitas. Estos conformaron un pueblo que fue exterminado por designio divino, en los primeros tiempos de la historia del pueblo hebreo. O como los cananeos, que también fueron exterminados, justificándose tal exterminio por su pertinaz idolatría. Esos indios, que no habían sido elegidos por Dios, podían también exterminarse, como si se tratase de los enemigos de Israel (como lo fueron los cananeos, los amalecitas, los filisteos, y otros). Pero este racismo anglosajón, que buscaba justificaciones religiosas y filosóficas, tal y como hemos podido comprobar, no se enfocó solo hacia los indígenas no civilizados. Cuando se dio una mayor expansión ese racismo congénito, se focalizó en los indígenas que sí estaban civilizados, y es que, el exterminio de los indios de más al sur tenía una justificación diferente: podía darse por el hecho de haberse convertido al catolicismo importado por los españoles. De manera que en los Estados Unidos seguimos con los mismos argumentos que justificaron las matanzas atroces de católicos en Inglaterra y en Irlanda en los siglos XVI y XVII, desde la Reina Virgen hasta Cromwell, por señalar dos grandes personajes históricos a esos respectos.

7. La justificación del racismo anglosajón

El rigorismo protestante de cuño calvinista chocaba frontalmente con el catolicismo, como hemos podido comprobar. Sin embargo, no sucedía lo mismo con los que de un modo u otro negaban la fe que les movía. Nos referimos a los descreídos de la «verdad» que expresaban las Escrituras. El modo de entender el mundo que se impuso con el racionalismo moderno, iba a imponer un modo de ateísmo que es a día de hoy el que ha calado sobremanera. Nos referimos al deísmo, que expresa la «creencia» en un dios alejado del Dios de los cristianos, un dios que es una suerte de dios no religioso. Un dios que era y es causa de todo orden, cambio o movimiento del mundo. Un dios, por tanto, que no es poca cosa, pero que no guardaba relación alguna con el hombre, y por lo mismo no es un dios que sea susceptible de ser amado o solicitado. Por lo tanto, no un dios religioso sino un dios filosófico.

El deísmo tuvo muchos seguidores de gran renombre, tanto en la filosofía como en la ciencia. Aunque la fuerza de este movimiento fue sobre todo política, la masonería es claro ejemplo de ello. No vamos a considerar los orígenes de la masonería, pues solo queremos incidir en la masonería desarrollada en Inglaterra. La masonería anglosajona se fue diversificando enormemente tanto por sus diferentes corporaciones (las diferentes logias) dentro de Inglaterra, como por diferentes países del entramado mundo de influencia cultural anglosajona. Y no nos referimos solo a los países miembros de la Commonwealth. La masonería se fue desarrollando a partir de los tiempos en los que el modo racionalista y protestante de entender el mundo se imponía, y se mostraba plural en cuanto a las diferentes logias, algunas de ellas enfrentadas entre sí, pero unidas solidariamente si de enfrentarse a la Iglesia católica se trataba y se trata, aunque hoy en día de un modo mucho más velado. Quizá la confrontación con los católicos fue, y sigue siendo, porque esos dos modos de entender el mundo –el de los creyentes reformados y el de los deístas– fueron, y siguen siendo, muy buenos «compañeros de viaje».

Pero dejando de lado la circunscripción masónica del deísmo, y atendiendo a su papel ideológico en todo el orbe, no podemos dejar de atender al protagonismo que ese deísmo tiene hoy día, por el hecho de que, de un modo u otro, ha calado en la forma de entender el mundo de un gran número de hombres de ciencia. Vamos a atender a una teoría (habría que decir mejor «doctrina») que muy pocos científicos ponen en cuestión. Y si lo hacen, no se divulga. Una teoría que por el contrario está presente en todos nuestros hogares pues es objeto de continua representación en la literatura y en el cine, sobre todo en el cine de ciencia ficción. Sin menosprecio de otros ámbitos que cada vez tienen más seguidores, como es el caso de la divulgación científica, sea por escrito o a través de los diferentes medios de comunicación de masas. Nos referimos a la teoría del «diseño inteligente». Así pues, el deísmo tiene en la actualidad mucho predicamento porque está presente en las doctrinas que aceptan el papel de un «diseñador inteligente» en la complejidad de la vida, sobre todo de la vida humana, y todo lo que implica.

El racionalismo, esta vez de modo indirecto, pues fue en su faceta de filosofía positivista, también trajo otro modo de entender la *relación* del hombre con

Dios (habría que decir mejor: no–relación): el agnosticismo. Esto tiene un engranaje de mayor calado con lo que aquí nos interesa, pues el agnosticismo se incorporó en el contexto de la conformación de la nueva ciencia de la Biología. Y esta ciencia, en su desarrollo y tras su consolidación, fue la que daría los argumentos a la cuestión del racismo propiamente dicha (solo en su campo era posible definir un concepto como el que nos interesa aquí, el de «raza»). Pero las cuestiones relacionadas con la ciencia son cuestión a tratar en el próximo apartado.

La nueva filosofía en Europa se preocupó por asegurar y afianzar la religión adecuada a su modo de entender el mundo, una religión que pese a sus múltiples perspectivas era sumamente adaptativa, sobre todo pensando en la nueva concepción del ser humano, como individuo, y su modo de organizarse políticamente: la religión de los reformados. En un principio, las diferentes iglesias y sectas que iban consolidándose estaban enfrentadas entre ellas, y ello era motivo de preocupación por parte de filósofos y políticos de la época. Todos estos se tomaban muy en serio el problema de esas desavenencias, pues las cuestiones relacionadas con la religión y la moral eran determinantes de la eutaxia, de la continuidad de los Estados. De ahí que John Locke escribiera en 1667 un opúsculo sobre la tolerancia. Locke aboga por la tolerancia entre iglesias, pero no todas, por supuesto, pues lo único que a Locke le parece no tolerable es el culto católico. En su *Ensayo sobre la tolerancia*, atenderemos a «perlas» como las que siguen:

En cuanto a los papistas, es cierto que la propagación de algunas de sus peligrosas opiniones no debe ser tolerada, puesto que son absolutamente destructivas para todos los gobiernos, excepto para el del Papa; y a quien quiera que esparza y publique cualquiera de ellas el magistrado está obligado a reprimirlo, tanto como pueda ser suficiente, para impedirlo (...) Los papistas no deben gozar del beneficio de la tolerancia porque, allí donde tienen poder, se consideran obligados a negársela a los demás (...) Puesto que es imposible, ya sea con indulgencia o severidad, hacer a los papistas, mientras sean papistas, amigos del gobierno; ya que son sus enemigos tanto en sus principios como intereses, y por lo tanto, considerándolos como enemigos irreconciliables, de cuya fidelidad no puede uno estar nunca seguro, mientras deban una obediencia ciega a un papa infalible que tiene las llaves de sus conciencias prendidas de su faja, y puede, según la ocasión, dispensarlos de todos los juramentos, promesas y obligaciones que tengan hacia su príncipe, especialmente si este es (desde su punto de vista) un hereje, y armarlos para perturbar el gobierno; pienso que no deban gozar del beneficio de la tolerancia[5].

---

[5] John Locke, *Ensayo sobre la tolerancia y otros escritos sobre ética y obediencia civil*, Biblioteca nueva / Minerva. Madrid 2011, pp. 102–103. Este texto –escrito en 1667– es previo a su *Carta sobre la tolerancia* (1689). En su carta no encontramos estos exabruptos contra los católicos que podemos leer en su ensayo. Este texto es mucho más conocido, pues es

Las diferentes iglesias reformadas, así como el deísmo o la masonería, por mencionar solo las que hasta ahora han salido a colación, siempre tuvieron como enemigo a destruir a la Iglesia católica. Pero en Estados Unidos iba a darse una circunstancia distinta. Allí, una vez que se independizaron de Inglaterra, se adoptó esa tolerancia de un modo muy diferente al que Locke propuso, pues incluso toleraron el catolicismo. De ahí que una de las iglesias más extendidas en todo su territorio, a día de hoy, sea la Iglesia católica. Eso sí, los anglosajones norteamericanos siguen siendo, aunque de un modo beligerante menos crudo, reluctantes al catolicismo. La beligerancia no será cruenta, pero sí constante, y focalizada en todos los ámbitos culturales, incluida la política.

Si pensamos en lo que comúnmente se denomina doctrina del «destino manifiesto», no podemos adscribir su fundamento en el catolicismo, ni mucho menos. Ese modo de entender el papel de los recientemente consolidados Estados Unidos de Norteamérica en la política mundial, marcado por un emergente imperialismo, nada tiene que ver con el catolicismo que profesaba una minoría de inmigración, o el de esa parte de población de los

---

el que los ingleses airean, en pro de la tolerancia que quieren hacer ver que han tenido siempre (y que nosotros hemos negado en estas páginas). En el bachillerato español es habitual que se demande a los alumnos de filosofía que leen la *Carta* y no el *Ensayo*. Cuestión que es síntoma de una Leyenda negra asumida por las víctimas de las falsedades vertidas.

territorios ganados a México, como podían ser los de Texas, Nuevo México, Kansas, Colorado, Arizona etc. La doctrina del destino manifiesto solo puede conectarse con el modo de entender el papel de un pueblo que ha sido elegido por Dios despreciando los demás. Esto solo podía ocurrir si pensamos en la doctrina de la predestinación que asumían los primeros colonos puritanos, aunque también pueden rastrearse los argumentos que pudieran dar con su expresión en el papel del pueblo judío, que desde su origen se había considerado heredero de toda la creación. La asunción de la narración expresada en el Antiguo Testamento, pero adecuándola a la nueva organización civilizatoria derivada de los padres peregrinos, pudo expresarse tras la situación generada después de la independencia de Inglaterra en un modo de entender el papel de la nueva nación política, definida en el texto constituyente de 1787.

Esta idea fuerza denominada del «destino manifiesto» fue la que, en un principio, empujó tanto a la expansión hacia los territorios del oeste como a la confrontación con España, para arrebatarle los últimos territorios que aún eran parte de ella a finales del siglo XIX: Puerto Rico pasó a ser parte de Estados Unidos, pero también otros más alejados de las costas americanas, como Guam y las Islas Filipinas. Además se forzó a que Cuba se transformara en un Estado independiente. Los norteamericanos seguidores de esta doctrina se veían animados a este modo de expansión que tenían por una suerte de mandato divino. Un mandato que puede observarse en consideraciones que alguno de los padres peregrinos habían hecho poco después de su llegada a las nuevas tierras. John Cotton, un pastor puritano, había dicho nada más asentarse en su recién inaugurada colonia que solo los pueblos tocados por Dios tienen el derecho adquirido de expulsar de sus tierras a otros pueblos, pese a que estos últimos pudieran llevar muchos siglos viviendo en ellas. Aunque esto solo podrían hacerlo si el pueblo originario hiciera un mal uso de las mismas. Ese designio divino era del mismo calado que el dado por Dios al pueblo de la estirpe de Jacob.

Pero la puesta en marcha de las implicaciones de ese modo de ver la cuestión, y la expresión que la define, tiene una datación posterior mucho más ajustada, también con un protagonista. En julio de 1845 John L. O'Sullivan escribió un famoso artículo en la revista neoyorkina *Democratic Review* titulado «Anexión». Allí argumentaba que la libertad solo podía asegurarse por una suerte de don recibido por la divina providencia y que se expresaba al modo de un *destino manifiesto* que llevaba a la conquista de los territorios de más allá de las fronteras, hasta hacerse con todo el continente.

El destino manifiesto fue la justificación para que los colonos blancos, anglosajones y protestantes (WASP) acabaran con la población indígena de California, durante el tercer cuarto del siglo XIX. Los indígenas americanos vivían en paz y tranquilidad en una serie de misiones que había fundado la orden Franciscana. El fraile español Junípero Serra (san Junípero), había sido el artífice de las mismas, que fueron inauguradas para evangelizar a los nativos de la zona. Pero no solo eso, también se buscaba la total integración de los nuevos ciudadanos en la sociedad novo–hispana, pues en los años en que fray Junípero fundó las misiones, ese territorio no es que perteneciera a España, como si se tratase de una colonia, sino que era España. El imperio español no fue un imperio colonialista como los que se expresaron después (los imperialismos inglés, francés y holandés). La integración de los indígenas en la sociedad española, derivaba en que pudieran asumir participar la vida de la «polis» mediante la práctica de la religión católica, hablar español y el ejercicio de sus derechos como sujetos de la Corona de España, donde el ejemplo más palmario era la propiedad y gestión de la tierra, tal y como sucedió.

Pero esa propiedad de la tierra la perdieron cuando los colonos del Este llegaron a los territorios de las colonias fundadas por el fraile franciscano. Todo aquel que no era WASP no podía tener derechos de propiedad. Ese era el destino manifiesto que había expresado John O'Sullivan unos pocos años antes. Esos indígenas que hablaban español e iban a misa los domingos fueron desposeídos de los territorios que les pertenecían y asesinados con el beneplácito del gobierno estadounidense. Así el estado de California como tal emitió bonos para sufragar las campañas de exterminación de las poblaciones hispanas a mediados del siglo XIX. Algunos pudieron salvarse al ser llevados a reservas, pero esa era también una forma de aniquilación pues las condiciones de vida en ellas eran infrahumanas y donde el alcoholismo era una gran lacra.

La propaganda antihispana de los WASP ha calado en los descendientes de los indígenas que sobrevivieron, y que no conocen más que la historia que han contado y siguen contando los blancos–protestantes– anglosajones. De ahí que nosotros queramos destacar frente a las figuras hoy tan denostadas en Estados Unidos de Fray Junípero Serra y de Cristóbal Colón, la de Leland Stanford, que fue de los que llegaron en esa época expropiadora y asesina. Stanford, como muchos otros colonos WASP, quería hacerse rico con el oro que había en las montañas de California. Y se hizo rico. Pero no por haber encontrado oro, sino gracias a la construcción de las vías del ferrocarril, que conectaba California con el este. Uno de los principales factores que influyeron en ese hacerse rico, fue la explotación laboral ejercida sobre miles de chinos. Entre 1861 y 1863 también fue gobernador de California. Uno de los logros que llevó a cabo fue la promulgación de una ley que no permitía que, esos chinos que habían construido las vías del ferrocarril, tuvieran los derechos de explotación minera que sí tenían los blancos. Esto hizo que se derivasen a unos trabajos que cada vez escaseaba más. Esa fue una nueva barrera que fue causa de segregación de la población de origen chino, la de que su derecho al trabajo iba por detrás del de los blancos.

Con el dinero que había ganado explotando la mano de obra china fundó la Universidad que lleva su nombre. Esta Universidad, en base a la estrategia WASP de reescribir la historia, ha retirado el nombre de fray Junípero de la calle californiana que este insigne español tenía dedicada desde hace décadas. Lo hizo en 2017, el mismo año en que el Papa lo había canonizado. La justificación era un cúmulo de mentiras que hacían de los españoles los asesinos que no fueron y de los anglosajones los benevolentes salvadores de indios. El 19 de junio de 2020, el colectivo indígena, que se ha creído toda esa sarta de mentiras negrolegendarias, derribó la estatua de fray Junípero que había en la ciudad de San Francisco. Roca Barea en *Fracasología* acierta en su diagnóstico: «Fray Junípero es un símbolo que se puede ofender porque la gente para la que fray Junípero tendría que ser un símbolo intocable se deja ofender, porque no tienen amor propio ni autoestima ni élites eficaces que se ocupen de mantener ambos».

8. Los anglosajones protestantes contra los católicos de Hispanoamérica

Con el transcurrir de los últimos siglos los Estados–Nación protestantes, los mismos en los que también se desarrolló la filosofía racionalista, fueron haciéndose cada vez más fuertes, en detrimento de los católicos. De manera que pasaron de ser países segundones a ser los que tomaron las riendas de la Historia universal: en el siglo XIX el Imperio británico y desde el XX el estadounidense. Este traspaso de poder imperial, desde Inglaterra a los Estados Unidos, se dio por mor de episodios cruentos, como es lógico. El primero contra Inglaterra, de la que se independizaron, pero también contra España, pues tenía territorios colindantes con las fronteras recién constituidas, o con las Repúblicas hispanoamericanas recién nacidas tras su desgajamiento de España en las pocas décadas anteriores, concretamente México. En el ínterin otros Estados–Nación se hicieron también muy fuertes, pero no alcanzaron a ser los que se pusieron a la cabeza. Pensemos en el imperialismo francés y alemán. El francés en época de Napoleón y el alemán en la época de Hitler. Estos dos, aunque infructuosos, tuvieron más protagonismo histórico que muchos otros: el portugués o el holandés, por poner algunos ejemplos.

Tras la independencia del Imperio británico en 1776, el Estado naciente se conformará de un modo definitivo cuando en 1787 firme su Constitución. El Estado que acaba de nacer, tiene el mismo carácter anglosajón que la totalidad de la que se desgaja. Tiene ese carácter pese a que hay otros grupos que eran oriundos de otros reinos del norte de Europa, y que las ampliaciones se harán en detrimento de lo que era históricamente Imperio español. Pero son los anglosajones de esa parte de Norteamérica, los anglosajones descendientes de los puritanos de las colonias del noreste, los que van a hacerse con el control de la nueva nación política (Estados Unidos), imponiendo su lengua y su cosmovisión religiosa. En su expansión hacia el sur y hacia el oeste, se encontraron con la oposición de México, pero también de muchos grupos indios. Las noticias de todas estas batallas las podemos ver de un modo más cercano que leyendo libros de historia americana, en las películas de Hollywood, aunque de lo que en ellas se narra hay mucho que decir. Veamos algunos ejemplos de tergiversaciones históricas que deben ser denunciadas.

En ninguna de las películas se habla de las diferentes tribus que habían sido «civilizadas» por el Imperio español. Entre ellas, los «terribles» y «sanguinarios» apaches descritos en la inmensa mayoría de películas. Pero los apaches no se mostraron «malvados» por ser salvajes, que no lo eran, sino por rebelarse ante el imperialismo depredador que los asfixiaba. Gerónimo, uno de los más famosos de entre todos ellos, quizá por haberse negado a vivir en una reserva y encabezar la rebelión, era de ese grupo civilizado, y su civilización había consistido, por ser una civilización a la española, en hacerlo católico. Gerónimo vivió toda su vida como católico y hablando en español, en español de México. Ya señalamos antes que su nombre derivaba del lugar dónde se bautizó, y vivió su infancia y juventud, hasta que los intereses de los nuevos imperialismos, el efímero mexicano y el pujante de más al norte, hicieron que se rebelara junto con todo su pueblo. Con su rebelión, los apaches querían recuperar y afianzar lo que estaban perdiendo, el estatus de «civilizados» que les había dado España, tanto a ellos como a otros muchos pueblos indígenas.

La confrontación entre protestantes del norte, anglosajones, y católicos del sur (de México para abajo desde 1848), todos hispanos, no terminó con la consolidación de las fronteras estadounidenses. Con el paso de los años la dialéctica entre estos dos bloques dio pie a un tira y afloja permanente, tendente a multiplicar el número de iglesias reformadas y acólitos de las mismas en el interior de las fronteras de las naciones hispanohablantes. En estas naciones esta confrontación es hoy día muy marcada, pues ha aumentado exponencialmente. En muy pocos años el número de protestantes se ha equiparado al de católicos, un hecho que se explica por la labor que fue realizando, desde la segunda mitad del siglo XX hasta nuestros días, el «Instituto Lingüístico de Verano», una organización de cristianos evangélicos fundada en la década de los treinta del siglo pasado. La finalidad buscada por este Instituto era la de recopilar documentación de toda lengua hablada para traducir la biblia a cada una de ellas y lograr mediante tal recurso conversiones en masa. El mayor éxito en conseguirlas lo tuvieron en la década de los ochenta. La explicación es muy sencilla, la Administración Reagan (1981–1989) se tomó muy en serio la tarea de ese colectivo de traductores de la Biblia y de prosélitos del protestantismo que conformaba el señalado Instituto. Ronald Reagan los consideró como los mejores instrumentos para contrarrestar las ideas pseudo comunistas de la Teología de la Liberación que estaban proliferando sobre todo entre los católicos hispanos. Con el apoyo del gobierno de los Estados Unidos, el Instituto Lingüístico de Verano hizo llegar el protestantismo a las naciones de la América hispana, por eso hoy día hay tantos católicos como protestantes en ellas.

Este fenómeno tan actual es equiparable al protagonizado por los jesuitas en la Alemania del siglo XVI. La gran diferencia es que los argumentos de los jesuitas eran racionales (los jesuitas iban al norte de Europa con los argumentos de la teología dogmática), mientras que los argumentos de los pastores protestantes eran y son sobre todo emocionales. Para corroborar esta tesis no tenemos más que observar a los pastores televisivos que se muestran diariamente en la América hispana. El fenómeno indigenista tiene mucho que ver con esa política protestantizadora llevada a cabo por los anglosajones norteamericanos.

No debemos confundir la estrategia de protestantización con una suerte de generación de un mundo mejor en el que cualquier americano, de cualquiera de los dos hemisferios, se vaya transformando en un ciudadano próspero, sea el que sea su lugar de origen. Eso no es así. La estrategia de protestantización es una suerte de política de deterioro de lo que queda del derrotado Imperio español. Lo que ocurre es que los WASP todavía reconocen las improntas de ese imperio como susceptibles de ser demolidas. Nos referimos al catolicismo y a la lengua española. Uno y otro los tienen dentro de sus fronteras desde siempre, pero no quieren que su número y poder puedan aumentar, en detrimento del control que desde siempre han ostentado. Y tanto las actitudes racistas con lo hispano y el rechazo al español como las críticas recurrentes a la jerarquía católica[6] son dos

---

[6] La pederastia o los delitos relativos al lucro personal son un mal muy extendido en todas las sociedades. Sin quitar ni un ápice de responsabilidad a la jerarquía

caras de la misma moneda. Y están instrumentalizadas sabiamente. La dialéctica de imperios está siempre presente, y de modos a veces tan velados que no lo parecen.

Los hispanos que cruzan las fronteras del sur de Estados Unidos, o los que van a otros lugares del mundo (sobre todo a España que es la nación con más inmigración hispanoamericana después de Estados Unidos), viajan con sus creencias, y donde se asientan dedican el tiempo que consideran oportuno a su hacer religioso. Muchos son católicos como hemos dicho, pero tantos como católicos hay de otras Iglesias y cultos protestantes. Pero que sean protestantes, estos que cruzan las fronteras de Estados Unidos, no les ecualiza con la población anglosajona que es mayoría y tiene bajo su control a todos los poderes de su Estado. Los hispanos, aunque protestantizados, no juegan todavía en la misma liga a nivel social. Los

---

católica, en Estados Unidos los delitos de los católicos, a estos respectos, se suelen airear de un modo en el que no se suelen airear en otros estamentos, salvo algunas excepciones, como el mundo del cine, tal y como todos sabemos. Pero esta maquinaria de desprestigio no solo se da en Estados Unidos, sino en todos los lugares donde el catolicismo está asentado. España es uno de los más destacados en ese modo torticero de crítica, para acabar con un oponente que no merece un trato tan bajo. Teniendo en cuenta la impagable labor social, económica, cultural y educativa que desarrolla en el presente y ha desarrollado en el pasado.

hispanos, católicos o protestantes, son diferentes, inferiores respecto de los angloparlantes, y la inmensa mayoría lo seguirá siendo por generaciones, pues pese a las posibilidades y la grandísima movilidad en la sociedad estadounidense que pueden derivar en mejoras, las vías de promoción están lógicamente condicionados todavía por la visión WASP (blanca, anglosajona y protestante), que es la matriz de los Estados Unidos como nación política.

Volviendo al interior de las fronteras consolidadas por los revolucionarios de finales del siglo XVIII, debemos incidir en que la presencia de las diferentes iglesias reformadas nunca permitió que los católicos que iban también a poblar esas tierras, tuvieran el protagonismo de cualesquier otras iglesias protestantes. Y ello, pese a la tolerancia que los protestantes americanos brindaron a esos católicos que, junto a ellos, fueron los artífices del «nacimiento de la nueva nación» (parafraseando el título de la famosa película de David W. Griffith). Es bien sabido que ninguno de los presidentes de Estados Unidos fue ni es ateo, como también es bien sabido que muy pocos fueron católicos, tan solo John F. Kennedy en el pasado. Aunque debemos incluir en esta categoría al actual presidente, Joe Biden. Siempre se ha dado un anticatolicismo exacerbado contra los grupos humanos seguidores de la Iglesia de Roma, el cual se expresaba socialmente en los cada vez más numerosos grupos de inmigrantes: polacos, italianos, irlandeses, etc., además de los españoles, que ya estaban. Ahora hay que incluir a los hispanos que en las últimas décadas, y cada vez en mayor número, han ido llegando a través de la frontera con México.

Hasta los años sesenta, estos grupos de católicos eran minoritarios de manera que el americano anglosajón medio, o el gobernante anglosajón, no mostraron muchas preocupaciones respecto de su hegemonía. Sin embargo, por todos son conocidas las grandes dificultades que Kennedy tuvo que sortear para llegar a presidente. Además, también es conocido por todos como fue apartado del poder. De un modo tan drástico, como desconocido, pese a las múltiples interpretaciones a las que hoy día tenemos acceso, sobre todo por el cine de ficción y documental. Nos preguntamos si esos hechos luctuosos se pueden conectar con la constante lucha de religiones que protestantes y católicos mantenían desde hacía más de tres siglos, y que parecía que se había terminado. Quizá ese cierre de hostilidades era solo un cierre en falso, una mera apariencia. Ni siquiera después de estos hechos la animadversión hacia lo católico se terminó. Aunque es pertinente señalar que, a día de hoy, está sucediendo algo que está trastocando la correlación de fuerzas: la tremenda inmigración hispana que llega a Estados Unidos y la hispanización cada vez mayor de su población está haciendo que sus políticas cambien. No en vano, tal y como hemos señalado, el actual presidente Joe Biden es católico.

La aceptación de un presiente católico quizá también se deba a la dialéctica de Estados, pues cuando Kennedy fue asesinado, el bloque soviético era la máxima amenaza y la Iglesia, con Juan XXIII y Pablo VI a la cabeza se mostraron poco críticos con el régimen soviético, algo que cambiaría con Juan Pablo II. Pero estas cuestiones, pese a su gran relevancia, incluso para la comprensión de lo que estamos tratando, ameritan un desarrollo que sobrepasa las pretensiones de este ensayo. Con todo, sí debemos incidir en que, pese al hecho de que el actual presidente Biden sea católico, no parece que esté haciendo que el colectivo hispano deje de ser mirado por encima del hombro. Debe ser porque su mirada católica no puede contrapesar los otros dos factores de la matriz WASP (el «anglo» y el «blanco»). Y quizá también por el fenómeno protestantizador que desde el Concilio Vaticano II está sufriendo la Iglesia católica.

9. La abolición de la esclavitud no acabó con el racismo

Desde finales del siglo XVIII se produjo un gran desarrollo industrial en el Norte de la recién independizada nación. Podemos destacar en esos años la contribución llevada a cabo por Oliver Evans, pues hizo dos importantes contribuciones que revolucionaron la economía. El primero fue el invento de un molino de grano totalmente automático. El segundo es el derivado del invento inglés de la máquina de vapor. Evans fabricó una de las primeras de estas máquinas de modo industrial, y desarrolló una red de talleres de mantenimiento y reparación de esas mismas máquinas. Y también vamos a destacar otro importante hito en el terreno de la industrialización de los Estados Unidos: Eli Whitney desarrolló una máquina muy eficaz para manipular el algodón. Esta máquina fue la famosa «desmotadora de algodón». Este nuevo ingenio generó un gran desarrollo de la industria textil, haciendo la competencia en este terreno sobre todo a Inglaterra.

A principios del siglo XIX las transformaciones más relevantes se darían en la industria armamentística, con el desarrollo de complejas máquinas–herramientas que consiguieron multiplicar la fabricación de productos muy demandados, como eran los revólveres, los rifles y otras armas. Dado el grado de maquinización conseguida, la fabricación de estas armas no precisaba de mano de obra especializada, solo el manejo de las máquinas. Estos inventos y desarrollos de maquinaria industrial trajeron a Estados Unidos una nueva organización del modo de trabajo que iba a procurar cambios radicales en su estructura económica. El novedoso modo de organización dependiente del desarrollo fabril no iba a depender ya de la necesidad de la tenencia de esclavos, sino del trabajo asalariado.

En los mismos territorios del norte, donde ese desarrollo económico estaba dándose, surgió el movimiento abolicionista. Los Estados del norte siempre habían estado en confrontación con los del sur, y su recién inaugurada estructuración económica, derivada de los desarrollos industriales señalados, iba a procurar una novedosa artillería de argumentos. Los Estados al norte de lo que originariamente había sido la colonia de Maryland y ahora el Estado del mismo nombre, habían abolido la esclavitud según se iban sucediendo los desarrollos industriales mencionados. Uno de los militantes más fervorosos del movimiento abolicionista, que fue haciéndose cada vez más fuerte durante esas mismas décadas en los Estados del norte, fue Willyam L. Garrison, que desde su periódico *El Libertador*, hizo un uso muy efectivo en la difusión de sus ideas.

Abraham Lincoln, en 1863 llevó a cabo la denominada *Proclamación de Emancipación*, con la que se declaraban libres a todos los esclavos norteamericanos. Proclamación que solo pudo llevarse a efecto al terminar la Guerra de Secesión en 1865, y mediante la expresión de un nuevo documento: la 13ª Enmienda a la Constitución. Sin embargo esta declaración, que era ley, no acabó con las diferencias sociales en Estados Unidos. El movimiento en pro de los derechos civiles –desarrollado sobre todo en las décadas de los 50 y 60 del siglo XX– es muestra de la poca efectividad de la norma. Legalmente se había eliminado la esclavitud, pero eso solo era algo escrito, lo que realmente sucedía es que el tratamiento dado a los que habían dejado de ser esclavos no había cambiado. Las leyes Jim Crow habían seguido vigentes. Estas eran unas leyes que propugnaron, hasta 1965, la segregación racial en todas las instalaciones públicas del sur de los Estados Unidos. Hoy día, pese a que ha pasado un siglo y medio, las diferencias sociales y económicas que se dan entre los descendientes anglosajones de aquellos que abolieron la esclavitud y los negros que debían beneficiarse de tal legislación, siguen siendo enormes.

Esto hace que concluyamos que el supremacismo de la clase dominante en Estados Unidos, el supremacismo anglosajón, sigue vigente. Que ha sido un continuo histórico desde los tiempos en los que los britano–romanos y los celtas fueron exterminados y esclavizados en Inglaterra, y ello pese a que un número importante de esta etnia haya confrontado el sentir de la mayoría. Y paralelamente al racismo hacia la población afroamericana –como ha venido en llamarse últimamente– ha proliferado otro foco de racismo, que tuvo un importante incremento tras la Segunda Guerra Mundial, el racismo hacia los hispanos. Este aumento ha derivado de la fuerte inmigración a que previamente nos hemos referido, la recibida a través de la extensísima frontera de Estados Unidos con México, que fue redibujada tras la victoria de los primeros sobre los segundos en 1848.

10. Los hispanos en Estados Unidos

En Estados Unidos los hispanos han sido desde siempre un importante número. No en vano los territorios ganados a México aportaron una gran cantidad de ellos, que pasaron a ser estadounidenses por derecho propio. Pero a partir de que el fenómeno migratorio del sur se multiplicara, mediado el siglo XX, podemos hablar de un nuevo fenómeno que no se daba previamente: el de la hispanización de los Estados Unidos. La gran cantidad de hispanos que, en estas últimas décadas han penetrado en esa nación, ha derivado en que en Estados Unidos se adopten muchas tradiciones culturales, y que el idioma español sea cada vez más utilizado, en detrimento del inglés. A día de hoy, y según la oficina censal estadounidense, viven en todos los Estados que conforman esa nación, aunque con mayor densidad en la zona suroeste, más de sesenta millones de hispanohablantes. Un dato que nos lleva a afirmar que se está dando un crecimiento exponencial entre estos.

Debemos destacar que este crecimiento exponencial está teniendo repercusiones en el modo de actuar de los WASP que ven peligrar su estatus y su cultura hegemónica en los Estados Unidos. En este nuevo contexto hay voces no hispanas que denuncian estas actitudes. Por ejemplo, el Centro de Investigaciones Pew de Washington, que es un Instituto dedicado a estudiar tendencias que se están dando en los Estados Unidos. Los trabajos del Centro de Investigaciones Pew parecen mostrar una sana tendencia a denunciar lo que está sucediendo. En uno de sus últimos informes, extraídos tras estudiar la discriminación racial que sufre el colectivo hispanohablante, señalan que este colectivo tiene que soportar insultos de forma habitual, tanto pública como privadamente. Unos insultos tendentes a demandarles que dejen de hablar en español, pues si no lo hacen deben volver a sus lugares de origen. Uno de los términos utilizados para señalarlos es el de *beaner*, que literalmente significa «comedor de frijoles». Aunque con tal insulto se señala a los más cercanos mexicanos, por extensión también se señala a todos los hispanos y sus descendientes en una burda generalización donde raza, lengua y cultura van de la mano.

Durante el año 2022 se ha dado un repunte al alza en los actos racistas contra los hispanos. El tiroteo que se dio en un colegio de Texas fue un punto álgido del que se hicieron eco muchos usuarios de las redes sociales (Twiter, Reddit, etc.). En esos medios se denunció la labor policial. Los policías que acudieron al centro educativo, para doblegar al atacante, nada hicieron durante el tiempo que estuvo disparando y matando a los niños hispanos hasta acabar con la vida de veintiuno. Paralelamente, en esas mismas redes sociales se daba el efecto contrario. En ellas también se difundieron teorías que emborronaban los sucesos y los motivos del asesino, de modo que se invirtiera la responsabilidad de la policía local, que no era hispana. El tirador pasaba a ser un hispano homosexual, incidiendo en que había atacado previamente a la policía. Afirmaciones falsas todas ellas, salvo la de que el atacante era hispano. El modo de pensar del estadounidense blanco, anglosajón y protestante que recibió las informaciones era muy sencilla: si los maleantes e inmorales hispanos se matan entre ellos mismos, muy poco faltará para que lo comiencen a hacer contra los angloparlantes; con el agravante, para ellos, de que cada vez hay más hispanos.

Esos niños, testigos de la matanza, no solo van a tener el estigma de haber pasado por semejante trance. Trance en el que peligró su vida porque un loco desalmado quiso acabar con todos ellos. También tienen el estigma previo de ser etiquetados como hispanos, como diferentes, como personas de menor valor, que no merecen la intervención policial, pues eso es lo que ocurrió. La policía no hizo nada por salvar a las víctimas, solo fueron meros testigos de la matanza, resguardándose a sí mismos de las balas. Quedarán estigmatizadas al enterarse de que, para las autoridades de la América blanca, anglosajona y protestante, no las consideran personas salvables, por ser «persona de segunda» como tantos otros que viven en Estados Unidos y que siguen luchando por los derechos civiles. Este es un ejemplo del racismo anglosajón.

Para los WASP, los hispanos además de ser calificados como «comefrijoles» (*beaner*) en la mayoría de los casos son calificados como *loser*. Un *loser* es un perdedor, un fracasado, un desgraciado. La Gracia divina solo es para los «elegidos» por Dios, tal y como se autodefinían los primeros puritanos que llegaron en el *Mayflower*, y que al parecer asumen como una realidad los anglosajones que, a día de hoy, ostentan el poder. Un poder que no han dejado de tener desde la Constitución de los Estados Unidos. *Loser* son la mayoría de los que en Estados Unidos hablan en español (solo unos pocos de ellos han logrado hacer fortuna), y que deben volver a cruzar la frontera en sentido contrario, pues contamina, mediante su modo de hablar y su modo de vida, la superior expresión de «ser humano», que no es otra que la de cualquier blanco, anglosajón y protestante que habita en cualesquier de los Estados que conforman esa nación política.

Interesante el paralelismo que se puede establecer en el trato a la lengua española y a los hispanos dado por una parte de la población en los Estados Unidos, con el que se da a la lengua española y los que la hablan en territorio español, si este es de regiones como Vascongadas o Cataluña (actitudes que contaminan otras regiones de España, como Galicia, Valencia o las Baleares). Las mismas motivaciones aparecen en su actitud xenófoba y supremacista. Así un grupo de la población es identificado como extranjero por mor de un término específico con connotaciones racialistas y supremacistas. Los «beaners» en los Estados Unidos, los «charnegos» en Cataluña o los «maketos» en las Vascongadas amenazan la idea prístina y pura de sus países imaginarios (Los *Estados Unidos WASP*, *Catalonia* o *Euskalerria*) y por tanto deben ser combatidos. Este proceso de cambio es lento pero inexorable y se produce a través de las tradiciones, cultura y sobre todo a través de la lengua hablada por esta población, el español. Profundizar este paralelismo merecería un estudio detallado que lógicamente excede el objetivo de este documento.

Otro dato relevante, que nos habla de la focalización del ideario racista WASP de Estados Unidos, es el que se desprende de un estudio realizado por el *New York Times*[7]. Un periódico de la ciudad

---

[7] Nosotros hemos leído el eco que se hace de tal estudio un diario interactivo español, dependiente de Mediaset: Megamedia,
https://web.archive.org/web/20210111121120/https://

estadounidense tenida por la más cosmopolita de entre todas ellas. El estudio incide en el origen de las casi mil personas más poderosas que viven en la ciudad. Entre ellas está Pablo Isla, el español consejero delegado de la empresa Inditex. Pablo Isla en esa lista aparece como «no–blanco». ¿Por qué se dice en este periódico que este español es «no–blanco»? Porque es lo habitual. En el censo de Estados Unidos a cualquier nacido en un país hispanoamericano, en España o en Portugal, se le considera «no–blanco». Y llama la atención que, en este mismo censo, a un ciudadano estadounidense que haya nacido en Egipto sí se le considera de raza blanca.

Pero esto es un modo de entender la cuestión pues hay otros modos diferentes. Pero denunciamos el que nos parece más flagrante, que es el señalado: el de que la política del New York Times que da por válida una regla racista tácita, la de clasificar como «no–blancos» a todas las personas cuyos nombres y apellidos sean hispanos.

---

www.niusdiario.es/sociedad/igualdad/espanoles-no-somos-blancos-raza-hispana-estudio-new-york-times_18_3011145187.html

11. Conclusión

Como hemos comprobado, el componente protestante explica el racismo WASP desde una perspectiva religiosa. Esta perspectiva se basa en una interpretación rigorista y libre del Antiguo Testamento al poder justificar bíblicamente todo y su contrario y en la consideración por parte de muchos de ciudadanos de los EEUU, a lo largo de la historia, como el nuevo Israel. Lógicamente, les ha permitido desde su fundación ocupar tierras pobladas por otros pueblos, tener esclavos y exterminar a los nuevos alamacitas convencidos de hacer algo bueno. Este arraigado protestantismo que ha ido calando incluso entre los católicos, se impone cada vez con más fuerza. El catolicismo se ha ido debilitando frente al individualismo y frente a otros componentes contaminantes que han minado su esencia (utilitarismo, emocionalismo, libre examen de conciencia, democratismo). La asunción del componente protestante ha implicado la disolución de la universalidad, del modo de entender la sociedad y otros muchos componentes que fueron la directriz que marcó la evolución social de Occidente durante casi dos milenios

Hasta ahora hemos podido comprobar cómo el papel del mundo anglosajón se ha mantenido dentro de una suerte de pureza racial a lo largo de muchos siglos. Y cómo extendió ese racismo esencial al exportarlo a los nuevos territorios conquistados en todo el orbe, entre ellos, los del norte de América y los que posteriormente fueron arrebatados a lo que había sido el Imperio español (Puerto Rico, Cuba y Filipinas). La justificación que obtuvieron las clases dirigentes WASP para seguir actuando del modo que lo hacían con los –para ellos– «seres humanos inferiores», incluyendo ahora a los blancos que no habían triunfado, no derivó esta vez de un modo de ver religioso. La justificación derivaría del desarrollo de la ciencia. Tanto de la ciencia estricta, concretamente de la Biología, como de la ciencia dependiente de la constante interacción de sus postulados con el papel que ejerce el hombre. Nos referimos en este segundo caso a la Sociología. La involucración de estos dos saberes fue un coctel terrible que marco los terribles desmanes cometidos en los siglos XIX y XX, y los que siguen dándose en el siglo XXI. De ello nos vamos a hacer eco en el tercer y último capítulo.

III. Las ciencias y la filosofía como fuente del argumentario del racismo WASP

Sospecho que los negros son naturalmente inferiores a los blancos. Rara vez hubo una nación civilizada de esa complexión, ni siquiera un individuo eminente en la acción o la especulación. No hay ingeniosas manufacturas entre ellos, ni artes, ni ciencias (...) Hay esclavos negros dispersos por toda Europa y en ellos no se ha descubierto ningún síntoma de ingenio (...) En Jamaica, sin embargo, se habla de un negro que toma parte en el aprendizaje, pero seguramente se le admira por logros exiguos, como un loro que ha aprendido a decir varias palabras (David Hume, *De los caracteres nacionales*)[8].

---

[8] La edición de la que extraemos esta cita está realizada por José L. Tasset (*Escritos impíos y antirreligiosos de David Hume,* Akal, Madrid 2005). En ella especula que podría limarse el racismo implicado en las afirmaciones que se leen en ese ensayo de Hume. Pero lo que leemos es lo que Hume escribe. Otra cosa es lo que piense el traductor. Lo que no parece preocupar a este último son otras afirmaciones que chirrían en la argumentación de Hume. Como son las que marcan su desprecio por los españoles. Citamos este mismo ensayo: «Tenemos razones para esperar mayor ingenio y jovialidad en un FRANCÉS que en un ESPAÑOL, a pesar de que CERVANTES nació en ESPAÑA». Las mayúsculas

137

1. Algunos aspectos a tener en cuenta previamente

El exitoso escritor Yuval Noah Harari, en su libro *De animales a dioses. Una breve historia de la humanidad*, afirma que esos hombres altos y rubios provenientes del norte de Europa, los arios, velaron en su tierra de origen su pureza racial, no así en las tierras conquistadas de Oriente, pero sí cuando colonizaron las islas europeas occidentales, Inglaterra e Irlanda, y posteriormente el norte de América. Apuntando además que solo dominan esas tierras por el hecho de no haberse mezclado con las razas inferiores que las poblaban (Harari, 2014).

Las doctrinas racistas se desarrollaron en los últimos siglos, coincidiendo con el declive y desaparición del que fuera Imperio español, y con el auge de otros imperialismos. Es conveniente también recordar, pues no suele tenerse en cuenta, que el Imperio español fue un imperio católico, mientras que

---

son de la edición. Por nuestra parte nos preguntamos cuáles son esas razones mencionadas pero no desarrolladas de Hume. Y aunque nos lo preguntamos, esta pregunta solo es retórica, pues sabemos la respuesta, que no es otra que el negrolegendarismo que está implicado en lo que piensa David Hume de España y de los españoles, tanto de un lado como del otro del Atlántico, pues en el siglo XVIII, España se componía de un territorio en el que todavía «no se ponía el sol».

los distintos imperialismos, en cuyo seno se expresaron esas doctrinas racistas, el cristianismo era protestante (Inglaterra, Holanda, Alemania, Estados Unidos). Si pensamos en Francia, no podemos incluirla entre estos último señalados, pero sí tenemos que saber que su imperialismo fue marcadamente anticatólico. Y la ciencia que se fue desarrollando en el siglo XIX fue la que expresaría el argumentario racista que estos imperialismos protestantes y ateos llevaron a la práctica con una gran eficacia. De ese modo se consiguió separar a los seres humanos de una forma que nunca se había dado en tiempos pasados. En tiempos pretéritos las diferencias raciales no fueron tan marcadas, aunque también se dieron. Las diferencias que se dieron entonces también podemos calificarlas de supremacistas.

Como hemos señalado previamente, en la antigüedad, tanto los griegos como los romanos, denominaban bárbaros a los que no tenían una lengua que les permitiera nombrar todo lo que les rodeaba y lo que pudiera estar por descubrir. No en vano la palabra razón, de la que derivará «racional» como apelativo del griego y del ciudadano de Roma, deriva del verbo griego *legein*, que significaba «decir», «nombrar las cosas». Pero la esclavitud de esos bárbaros no tenía que ver con diferencias raciales sino con esa diferencia que los asimilaba a los animales, que tampoco tenían la palabra. Aunque con una característica diferenciadora, los hombres aunque se asimilaran a los animales, sí podían aprender la lengua griega, o después la latina (el contraste con lo que hemos podido leer en Hume, al principio de este capítulo, es palmario). Por otra parte, las mujeres griegas y romanas eran asimiladas, en la mayor parte de los casos, a esos bárbaros. Y una consideración importante: los esclavos en Grecia y Roma, tenían un número muy elevado, que oscilaba entre el veinte y el treinta por ciento de la población de las ciudades. Y también debemos tener en cuenta que el número de mujeres era del cincuenta por ciento del total de personas que vivían en esas mismas ciudades, fueran libres o esclavos.

La doctrina desarrollada por algunos filósofos contrarrestaba este modo de ver. Comenzando por Platón, que en su diálogo titulado *República*, no hacía distingos entre hombres y mujeres, lo mismo sucedía con el sabio Epicuro. La doctrina de ambos no era todavía un modo de ver que equiparaba a cualesquier seres humanos, pero era un importante paso adelante, dado que en el seno de las polis griegas, y en el de otras importantes civilizaciones, como la egipcia o la persa –bárbaros también para los griegos– las mujeres eran igual de minusvaloradas en cuanto al grado de humanidad. Pero debemos destacar una doctrina que se adelantó a los tiempos, y que fue muy influyente en lo que más tarde expresaría la doctrina cristiana. Nos referimos al estoicismo. Esta escuela de filosofía surgió en Atenas, a finales del siglo IV a. C., y continuó desarrollándose en el Imperio romano. Este modo de entender el mundo y al hombre derivaba en que tanto los esclavos como cualquier otro ciudadano, incluido el Emperador de Roma, eran seres equivalentes. Una igualdad que era percibida por el que había alcanzado el más preciado de los bienes: la sabiduría. El sabio, cualquier sabio, era igual a todos los demás hombres, era un ciudadano más del mundo, un cosmopolita.

Como hemos señalado, esta doctrina fue aceptada por el cristianismo, aunque el sabio cristiano tenía unas características diferentes. Podría ser sabio sin desarrollar esa racionalidad expresada por el estoicismo, sino otra diferente, la racionalidad de la fe, aunque una y otra no eran incompatibles. En la filosofía cristiana hubo opiniones muy diversas a este respecto. Los bárbaros, pues así los seguían considerando los romanos a los que estaban más allá de los *limes* del imperio, iban a dejar de ser tratados como tales, pues pasaban a ser «gentiles» («gentes» nacidas en otros lugares, pero que eran susceptibles de recibir la Palabra de Dios). La antigua barbarie era subsanable porque el cristianismo se había propuesto salvar a todos, fueran de la raza que fueran o hablasen la lengua que hablasen. Tanto a los romanos como a cualquier otro que aceptara la nueva doctrina. Todos los hombres pasaban a ser iguales, todos podrían, dada la libertad de elección que el mismo Dios les había dado, formar parte de lo que San Agustín denominó la «Ciudad de Dios».

El problema iba a comenzar a tomar otro cariz pasados muchos años, en plena efervescencia de lo que conocemos como Imperio español. En 1492 España llegó a las costas de América y se encontró allí con unos nuevos gentiles. ¿Eran estos hombres también hijos de Dios? Los españoles los tomaron como tales y se dedicaron a hacer de ellos sus iguales, mediante el método que les parecía más conveniente:

la evangelización. Esta evangelización se dio en paralelo al mestizaje, que era un claro síntoma de tomarse en serio, por parte de los conquistadores, las enseñanzas cristianas católicas. Y aquí es más que pertinente señalar esto último, porque en esos años estaba comenzando a tomar posiciones otra doctrina cristiana, la de la Reforma protestante, que no iba a expresar esa igualdad entre los seres humanos.

El mestizaje propio de la visión católica continúa a día de hoy, y se muestra de un modo diáfano al visitar cualquier territorio americano que fuera en su día español. Y lo contrario es observable en cualquier otro lugar en el que los colonos seguían la doctrina protestante. En los Estados Unidos las creencias calvinistas y luteranas marcaron una distancia casi infranqueable entre los WASP y los que no lo eran. Las diferencias que habían remarcado los anglosajones con irlandeses y escoceses, de etnia celta y religión católica, se trasladó a Estados Unidos. Esta distancia seguiría marcándose cuando nuevos colonos irlandeses llegaron en masa durante el siglo XIX, y lo mismo sucedió con otros católicos, en esos tiempos de recepción de inmigrantes, sobre todo con italianos y polacos, a los que desplazaron a guetos por todas las ciudades que iban creciendo industrialmente.

El supremacismo de los WASP ya había acabado con la vida de la mayoría de los antiguos aborígenes indios, muchos de los cuales –tal y como ya hemos señalado– eran hombres civilizados, y de religión católica, pues era la que habían abrazado a partir de que los españoles llegaran al nuevo continente. Pero la precaria hegemonía de los WASP hoy en día se ve amenazada de un modo diferente. Sobre todo por el número creciente de hispanos que llegan al territorio estadounidense a través de la frontera –de más de tres mil kilómetros– que Estados Unidos tiene con México.

Las ideas supremacistas siguen todavía en boga ahora para enfrentar la amenaza hispana y católica, pues un atributo y otro van de la mano. Con su lengua de origen y su credo, los que amenazan, están transformando la uniformidad que los anglosajones habían consolidado, aunque no del todo. La uniformidad se había conseguido a sangre y fuego y se caracterizaba por el idioma inglés, por una religión sin dependencia de una jerarquía externa (dado que el número de católicos se consideraba asumible), y por ostentar el poder político. Sin embargo, el control WASP de la política se vio mermado cuando el católico John F. Kennedy llegó al poder en 1961. Aunque todos sabemos cómo fueron cercenados, tanto su mandato como la posible continuidad en la persona de su hermano. Cuando Robert Kennedy fue asesinado tenía grandes posibilidades de ser, como John F. Kennedy, presidente de la nación.

Esta diferencia innata entre hombres que el catolicismo había siempre combatido, iba a verse reforzada por todo un importante argumentario derivado de los desarrollos científicos que se iban a dar paralelamente a la perdida de relevancia política y espiritual de la Iglesia católica entre las naciones europeas. El peso del catolicismo pudo contrarrestar las doctrinas racistas que fueron expresándose en la época contemporánea, hasta el auge y consolidación del Imperio inglés, y posteriormente el estadounidense. Ambos con una fortísima impronta protestante. A día de hoy, mientras que el cristianismo católico está perdiendo fuelle en los países más adelantados económicamente, el protestante en sus múltiples variedades, al menos en Estados Unidos, no lo pierde. El motivo principal es que sus doctrinas teológicas se han ido adecuando a los intereses de una gran mayoría de los estadounidenses. No en vano los presidentes estadounidenses siempre se han declarado creyentes de sus respectivas Iglesias protestantes.

Ya hemos visto que este modo de entender al ser humano protestante no hizo ascos a la esclavitud. El trabajo de estos hombres traídos a la fuerza desde el continente africano fue muy relevante para la consolidación de Estados Unidos como el Imperio que es a día de hoy. A modo de ejemplo podemos atender a la famosa película de David W. Griffith, *El nacimiento de una nación*, en ella atendemos a la más importante apología realizada del grupo racista *Ku Klux Klan*. Entre economía y política, por un lado, y protestantismo, por otro, se ha dado en Estados Unidos una perfecta simbiosis. Una adecuación que ha sido allí mucho más marcada que en las naciones protestantes europeas, a pesar que algunas de estas han contado con una Iglesia Nacional, como es el caso de Inglaterra, Suecia u Holanda.

En este capítulo vamos a atender a una serie de propuestas que incidirán en que las diferencias entre hombres tienen sobre todo una justificación biológica. Pero incluso antes de que se tratasen de buscar argumentos científicos para discriminar lo que luego se denominarían como razas, las morfologías diferenciadoras ya eran habituales, pues estaban asentadas desde hacía tiempo. Ya en la Edad Media los Reyes Magos aparecían con las características raciales que separaban a los blancos de los amarillos y de los negros, y debemos tener en cuenta que tal diferenciación no tiene una referencia bíblica, sino que es una lectura añadida posteriormente. De manera que a Melchor, a partir de cierto momento se le asoció con el color blanco, a Gaspar con el amarillo (aunque a día de hoy este carácter ha desaparecido), y a Baltasar con el negro. Como vemos faltaría la raza rojiza de los indios, pero es que estos todavía no habían sido descubiertos. El modo diferenciador es el que podemos leer en las descripciones de Plinio el Viejo, en su libro *Historia natural*. Allí solo hay referencia a los continentes conocidos en la época. América tardaría un milenio y medio en ser descubierta. Cuando Linneo escribió la primera clasificación, las variaciones de color y de otros caracteres ya se habían expresado, el solo hizo un desarrollo, ampliando las diferencias observables a todo lo que se considera el mundo natural, y tratando de dar una justificación de los mismos.

El problema que plantean estas diferentes razas, lo vemos reflejado en la cuestión del monogenismo, ante los que defendían su contrario, el poligenismo. Los debates sobre el tema fueron muy acalorados durante el siglo XIX. ¿Adán fue uno, o eran muchos los Adanes? En general las ideas racistas tendrían que ver con el poligenismo, ampliamente aceptado por los cristianos reformados. No así los católicos que se decantarían por el monogenismo[9]. De modo que va a haber dos posturas totalmente enfrentadas, por un lado los que dicen que, pese a las variaciones, todos son hombres; y, por otro, los que consideran que, debido a estas variaciones, no lo son. Que los no blancos son animales, por tanto.

Los imperios generadores, como es el español, incluyeron todas las razas dentro del marco del hombre. No así los imperios depredadores, como el inglés, que no veían como hombres a los hallados en las que iban a ser sus colonias diseminadas por diferentes zonas del Globo. Para los españoles los aborígenes que encontraron en América, o los que encontraron en las islas del Pacífico, al ser considerados como los hombres que eran, los bautizaron. Algo que no puede suceder lógicamente con los animales.

Francisco Vitoria (1483–1546), José Acosta (1540–1600) o Francisco Suárez (1548–1617), trataron estas cuestiones de modo que sus textos son a día de hoy –pese a cierto olvido interesado– fundamentales para comprender la gran diferencia que se da entre los distintos territorios conquistados por la «civilización» en la Época Moderna. Si nos fijamos en la obra más famosa de José Acosta, *Historia natural y*

---

[9] Para aclarar la cuestión señalaremos que el poligenismo es la doctrina que sostiene que los diferentes grupos humanos tienen orígenes biológicos distintos, surgiendo a partir de varios linajes evolutivos independientes. El monogenismo postula un origen común para toda la humanidad.

moral de las Indias, encontramos, entre otras muchas, afirmaciones tan interesantes como la de que la fiereza que mostraban algunos aborígenes no era fruto de su raza, sino de no haber recibido educación. De manera que al no haberla recibido era por lo que se asemejaban a las bestias, en algunos aspectos. Y también podemos leer en su *Historia natural* que cualquier nación, o sea, cualquier grupo de gente nacida en un lugar concreto (lo que denominaba Santo Tomás como *gentium*), pese a que se le pueda describir como «estúpida», si se educan sus vástagos podrán alcanzar el mismo grado de civilización que sus educadores. Este modo de entender el ser humano fue siempre el del imperialismo español, diferenciándose por ello mismo del imperialismo anglosajón que ocupó el norte de América, que llevo a cabo la misma política depredadora, tanto del territorio como de sus habitantes, que habían puesto en práctica en las islas británicas, desde que arribaron a ellas en el siglo V y VI.

Mientras se exterminaba a los indios y se esclavizaban a los negros al otro lado del mar Atlántico, en la Europa que se auto consideraba más civilizada, muchos autores hablaban de libertad y de igualdad de todos los hombres. Mencionaremos, por ejemplo, a John Locke o David Hume, en las islas británicas. A ilustrados franceses, como el barón de Montesquieu o Jean–Jacques Rousseau. Y sin dejar de mencionar a otro de los más insignes ilustrados, aunque en este caso de origen germánico, el prusiano Immanuel Kant. El triángulo de la Modernidad (Inglaterra, Francia y Alemania) era partidario del poligenismo y, paralelamente, de marcar la diferencia entre razas. Destacamos de entre todos ellos –que no son todos, pues hemos dejado muchos ejemplos sin nombrar– a David Hume (1711–1776), autor que hemos citado en la entradilla de este tercer capítulo, de modo que allí ya pudimos atender a lo que aquí estamos destacando. Hume ha afirmado que los negros, y otras especies de hombres, son muy inferiores a los blancos, y que todas las sociedades civilizadas han tenido la piel blanca. De sus palabras se extrae que la condición natural de los negros es la esclavitud. Y asemeja el talento que puede tener un negro al de un animal. El ejemplo que nos da es el de los loros que pueden decir algunas palabras, de manera que los negros solo podrían tener talento para algo similar a lo que consiguen los loros. Vemos aquí que no hay un ajuste al canon establecido, el canon del hombre blanco. El que se sale de ese canon no es hombre.

Estamos comentando las afirmaciones que hace en su opúsculo *De los caracteres* nacionales, de David Hume, y que él mismo incluye como nota a pie de página. Lo hemos citado antes en la edición de José L. Tasset (*Escritos impíos y antirreligiosos de David Hume*, Akal, Madrid 2005). Aquí vamos a escribir literalmente su nota 6 de la edición inglesa de *Of National Characters*, que puede consultarse en Internet (https://davidhume.org/texts/empl1/nc#n6):

I am apt to suspect the negroes to be naturally inferior to the whites. There scarcely ever was a civilized nation of that complexion, nor even any individual eminent either in action or speculation. No ingenious manufactures amongst them, no arts, no sciences. On the other hand, the most rude and barbarous of the whites, such as the ancient Germans, the present Tartars, have still something eminent about them, in their valour, form of government, or some other particular. Such a uniform and constant difference could not happen, in so many countries and ages, if nature had not made an original distinction between these breeds of men. Not to mention our colonies, there are Negroe slaves dispersed all over Europe, of whom none ever discovered any symptoms of ingenuity; though low people, without education, will start up amongst us, and distinguish themselves in every profession. In Jamaica, indeed, they talk of one negroe as a man of parts and learning; but it is likely he is admired for slender accomplishments, like a parrot, who speaks a few words plainly».

Por otra parte, de los ilustrados mencionados más arriba, queremos destacar lo que nos dice Kant, quizá el filósofo más influyente de todos los mencionados. En sus escritos de antropología defiende lo mismo que habían expresado el conde de Buffon o Carlos Linneo (autores que consideraremos más delante): que existe la diferencia de razas. Lo que se puede comprobar cuando leemos lo que escribe en el segundo capítulo de su libro *Antropología práctica*, concretamente cuando incide en «el carácter de las naciones»: Kant asegura que hay en Europa, cuatro naciones privilegiadas en cuanto a la cultura: «1) los franceses, 2) los italianos, 3) los ingleses, y 4) los alemanes», pero también incluye entre las cultas a otras, aunque en un menor grado de las señaladas previamente: «los suizos, holandeses, daneses y suecos». El porqué del grado de cultura de estos pueblos, de los que como comprobamos están excluidos los españoles –luego veremos por qué– es porque «todos estos pueblos se han ido entremezclando con los pueblos germanos». Para Kant, los pueblos germanos son una raza superior, algo que por otra parte pensarán otros filósofos eminentes del idealismo alemán. Entre los que podemos destacar otros dos autores germanos: Juan Teófilo Fichte, que nos dice lo mismo que Kant en sus *Discursos a la nación alemana*, y Jorge Guillermo Hegel, que expresa la misma idea en su *Filosofía de la historia*.

La degradación racial que supone lo hispano por contraste con esas otras naciones, depende de su mezcla con los moriscos. Por un lado, llama la atención que no mencione a los judíos, pues creemos que tal atención está en la misma línea de la crítica, teniendo en cuenta que eso era un arma arrojadiza, muy común en toda Europa, para criticar a los españoles, en el mismo sentido que lo hace Kant. Y también llama la atención que este autor no atienda a que, previamente a que los moriscos entraran en la península ibérica, los que allí se asentaron y gobernaron durante dos siglos fueron pueblos germanos, de los que hay que destacar a los suevos, pero sobre todo a los visigodos. Cuando Kant señala el cambio de dinastía en España de los Austrias a los Borbones leemos que: «Aunque un príncipe de la casa Borbón llegó a ser rey de los españoles, no le fue posible modificar sus costumbres. Quizá sea responsable de ello su ancestral sangre morisca». Esta poca uniformidad, respecto de lo que según este autor es «el hombre», nos permite poner en duda la efectividad de su propuesta ética, pues para que se dé es fundamental la universalización en la capacidad racional para actuar. Quizá solo consideraba hombres en sentido estricto a los de raza germánica, y «no hombres» a todos los demás, entre los que habría que incluir a los hispanos repartidos por todo el orbe.

Nuestra conclusión es que la igualdad por la que abogaban los ilustrados no tenía nada que ver con lo que había preocupado por ejemplo a Francisco de Vitoria, su igualdad era solo entre hombres blancos. Hemos comprobado, atendiendo a Hume y a Kant que asumían la supremacía de la raza blanca. Anglosajona para el primero, germana para el segundo; nuestra tesis es que una y otra no pueden diferenciarse en el origen, y que dada la reluctancia al mestizaje de ambas, tampoco en la época actual. Un claro ejemplo de esa reluctancia al mestizaje germánico lo tenemos en las leyes de Jim Crow en los Estados Unidos, el Apartheid en Sudáfrica o las leyes expresadas en la época del nacionalsocialismo: las «leyes raciales de Núremberg» estaban dirigidas a prohibir el mestizaje de la raza aria con cualesquier otras razas inferiores.

Nos llama la atención que los principios de los ilustrados fueran considerados los principios teóricos de la revolución americana y de las europeas. En la América dependiente del Reino Unido que llevó a cabo la revolución mediante la cual se independizaron, atendieron a esa idea de igualdad voceada por los ilustrados, pero esa igualdad entre razas no se dio ni se está dando. Tanto para los americanos revolucionarios como para los ilustrados – tal y como ya hemos comprobado– las personas iguales solo eran blancas, porque para ser persona había que ser blanco, y los «pieles rojas» no tenían la piel blanca como expresa el peyorativo modo de describirlos. Una denominación, la de «pieles rojas», un tanto chocante, pues vemos que ese color de piel no era una característica muy sobresaliente. Incluso podríamos decir que no era en absoluto algo que pudiera ser observado. Los indios norteamericanos, ni los del resto del continente, tienen ese color de piel. La tesis más extendida últimamente es que era por el color rojo de la sangre de sus cabelleras, las que los colonos les cortaban, y no a la inversa como suele narrarse en las películas de Hollywood.

Concluimos que las ideas ilustradas se adecuaban a una visión de los nuevos hombres contactados en otros continentes como especies animales y no como lo que son. Como veremos, Linneo había situado al hombre dentro del reino animal, pero para erigirlo en la figura situada en la cúspide de ese reino, cual emperador. Linneo iba a seguir las directrices marcadas por el canon establecido, que no era otro que el expresado por la ideología del hombre blanco: el representado en el Renacimiento, por ejemplo, en los frescos de la Capilla Sixtina pintada por Miguel Ángel. La filosofía racionalista tuvo como una de sus más conspicuas expresiones al movimiento ilustrado, y también promovió ideas racistas. Lo hizo al asumir el mismo ideario racista y supremacista de los cristianos reformados. Un ideario que ya hemos explicado previamente en el capítulo II. Hoy día, el desarrollo de ese modo de ver el mundo, sigue encubriendo y promoviendo ese racismo todavía presente. Y el ejemplo más claro es el que podemos observar en la actualidad en todo lo que sucede al sur de los Estados Unidos de Norteamérica, que fue parte de México hasta 1848. Que allí hubiéramos podido atender a un compendio de mestizaje –el que fue promovido por el Imperio español y la igualdad efectiva de todos los hombres que fue asumida– ha derivado en que las ideas racistas señaladas vean a estos inmigrantes como seres inferiores.

2. Fundamentación científica del racismo. John Ray

Pero lo que entendemos por racismo, y que permite que describamos actitudes previas como actitudes racistas, fue tardíamente definido. Y para que se definiera fue pertinente apoyarse en el desarrollo de la ciencia. En sus vertientes más duras, o positivas, como es la de la ciencia de la Biología, dependiente de la aceptación de lo que se denominó evolucionismo. Una ciencia biológica que incorporó desde su origen las leyes de la genética. Y la genética es un apartado fundamental de la Biología de suma importancia para lo que nos interesa aquí. Pero el racismo también precisó del apoyo de otros saberes enraizados en lo humano, concretamente de la sociología, de la antropología y de la psicología.

Se atribuye a Carlos Linneo (1707-1778) la definición de raza y de racismo, aunque en sus textos no aparezca tal definición de forma explícita. De tales consideraciones iba a surgir una doctrina que tendría un importante papel en las relaciones políticas, económicas y sociales de los siglos posteriores, y hasta nuestros días. Linneo también expresó cuál es la labor desarrollada por los que iban a denominarse a partir de entonces «naturalistas». Labor que ya estaba siendo desarrollada por algunos estudiosos de las plantas y de otros seres vivos. De entre ellos debemos destacar al inglés John Ray (1627-1705), que es considerado como la primera autoridad dentro del naturalismo. La relevancia de sus aportaciones no es muy conocida por el gran público, pero ello no le resta valor. La lectura detallada de sus textos, que por otra parte están citados numerosas veces por Linneo, nos muestran descripciones de lo que supone la tarea del naturalista. Cuando Linneo definió esta tarea, lo hizo de un modo adecuado a como había trabajado Ray.

Ray trato de llevar a cabo una ingente tarea, la de ordenar toda la flora conocida, a partir de los datos que habían llegado a él, tras las diferentes incursiones realizadas por los mares desde el descubrimiento de América, hasta 1686, fecha en que publicó su *Historia plantarum generalis*. En este libro afirmó que las plantas no podían transmitir a sus descendientes unas características que hubieran adquirido de forma accidental, sobre todo porque defendía que debía de darse una ley que marcara lo que sucedía realmente, que los individuos pertenecientes a una especie dan lugar a individuos idénticos a ellos. Sin embargo, expresó otra idea muy fructífera, la de que no era posible la descendencia fértil cuando se cruzaban individuos de especies distintas.

Los primeros naturalistas no pudieron expresar una teoría que permitiera hablar de una nueva ciencia. Cuando estos naturalistas llevaron a cabo sus estudios, a ninguno de ellos se le denominaba como biólogo. El término Biología se acuñó a principio del siglo XIX, por parte del barón de Lamarck, pero no era de uso común entre los especialistas, y no se generalizó hasta más adelante, algunas décadas después de que Carlos Darwin escribiera *El origen de las especies* (1859). Hasta este autor, ningún naturalista utilizaba de modo riguroso los conceptos de género y de especie. Y así, para nombrar un mismo espécimen, se daban un gran número de acepciones, de modo que en lugar de que se diera la necesaria claridad y distinción que precisa una conceptualización científica (taxonómica) lo que procuraba era un emborronamiento que no derivaba en el pertinente ordenamiento que llevaría a la consolidación de la nueva ciencia de la Biología. Ni Ray ni Linneo ni ningún naturalista hasta Darwin, pudo explicar las diferencias individuales en el seno de las especies. Solo atendían a que estas podían darse solo por condicionantes externos, como el clima o la alimentación. Por otra parte, era muy difícil tomar distancia de la idea de que las especies eran fijas desde la creación del mundo, o incluso porque las esencias eran eternas, tal y como habían expresado autores como Platón y Aristóteles. Unos argumentos y otros, el creacionismo y el denominado «esencialismo aristotélico» hacían inviable la idea de evolución.

3. Fundamentación científica del racismo. Carlos Linneo

El naturalista alemán Ernst Haeckel fue introductor del darwinismo en su país de origen, además de ser responsable de importantes desarrollos terminológicos en lo que hoy es la Biología. Haeckel afirmó que si nos preguntamos por el momento en qué surgió de un modo consecuente la pregunta por el origen del hombre, ese momento tuvo que ver con las propuestas realizadas por Carlos Linneo. Linneo dejó claramente especificada cuál es la tarea de un naturalista en *Systema naturæ*, que fue su más importante trabajo, y del que realizó en vida trece ediciones. Ediciones que fue corrigiendo y aumentando a lo largo de más de treinta años. En las primeras describía a los hombres del modo en que lo hacía con cualesquier otros seres vivos, fueran animales o plantas. La metodología que siguió para llevar a cabo estas descripciones era la misma que habían utilizado autores clásicos como Platón y Aristóteles, la de señalar los distintos géneros y dentro de ellos ordenar los individuos por diferencias específicas. A los géneros y a las diferentes especies que se daban en su seno, Linneo añadió dos clasificadores más: el orden y la clase. De este modo se organizaban los tres reinos únicos en los que iban a ser clasificados, en los dos primeros que vamos a mencionar, todos los seres vivos: animal, vegetal y mineral. De este modo, el hombre pasaba a estar incluido en el primero de los tres. El hombre pasaba a ser un animal más. Pero eso sí, teniendo en cuenta que la diferencia específica expresaba una distinción con los demás que hacía que fuera la cumbre de ese reino.

Linneo había podido observar diferentes tipos de primates (todavía no se les había denominado de ese modo) y había llegado a la conclusión de que estos y los hombres tenían muy importantes similitudes anatómicas. La gran diferencia era el habla, pues solo el hombre la tenía, algo que por otra parte ya había señalado dos mil años antes Aristóteles, que en su libro Política afirmó que «sólo el hombre, entre los animales, posee la palabra». Linneo, un hombre muy versado en los clásicos y conocedor también de lo que se podía leer en la entrada del templo de Apolo en Delfos, *Nosce te ipsum* (*Conócete a ti mismo*), decidió investir al hombre, respecto de los demás animales, como *sapiens*, como el único capaz de ser sabio, de «conocerse a sí mismo», gracias al don que le pertenecía solo a él: la palabra.

Pero así como el habla había sido la excusa diferenciadora, había otros caracteres que lo equiparaban demasiado a esos primates, y Linneo tomó otra decisión añadida: tanto a los sapiens como a los que no lo eran pero que compartían con él tantas similitudes morfológicas los catalogó como *antropomorpha*. Tal decisión no fue del agrado de muchos de sus colegas, entre los que podemos contar a Jacob T. Klein, que presentó un método clasificatorio diferente. Una clasificación de los animales que hacía hincapié en la forma, la posición y el número de extremidades de cualquiera de ellos. El hecho de que el resto de antropomorfos linneanos tuvieran una posición de las extremidades muy diferente, la posición cuadrúpeda, hacía que el hombre fuera distinto a todos ellos. El punto de vista de Klein se adecuaba mucho más que el de Linneo al del común de los mortales, pues lo habitual en ese tiempo era que el hombre tenía, como marca diferenciadora de cualquier otro animal, lo que afirmaban las Escrituras: que había sido creado a la «imagen y semejanza» de Dios. No podía ser, por ello, que esos «monos» fuesen también antropomorfos. Para este naturalista, como para otros muchos de sus colegas – de entre los que también podemos destacar al catedrático de química en la Universidad de Upsala, Johan G. Wallerius– lo que Linneo proponía era un disparate.

Por otra parte, en diferentes ediciones Linneo incluyó algunos taxones[10] de los que no se habían conocido referencias reales, salvo algunas descripciones relatadas. El caso es que Linneo, haciendo caso de las mismas, las consideró en ediciones puntuales. Y en las nuevas posibilidades clasificatorias que generaban la introducción de esos nuevos taxones, llegó a intercalar incluso una segunda especie de homo, a la que denominó como *homo*

---

[10] Un «taxón» es una figura que permite agrupar (ordenar, clasificar) a los seres vivos. Un taxón ordena de modo jerárquico a estos seres, teniendo en cuenta que cada uno de los que están más arriba en la jerarquía incluyen ordenadamente a todos los demás.

troglodytes, expresando del mismo la siguiente descripción: «hombre de las cavernas». Una descripción que tuvo mucho predicamento hasta hace pocas décadas, al menos entre los no especialistas.

No fue hasta la décima edición de su *Systema naturæ*, más de veinte años después de la primera (fechada en 1735) cuando reemplazó la denominación de «Antropomorfos» por el de «Primates». Incluyendo además, a todos estos últimos, dentro de los «Mamíferos». Así podemos leerlo en la página 20, en la que no leemos «homo sapiens» sino *homo nosce te ipsum*, que para Linneo era su definición, pues, tal y como hemos señalado, solo es *sapiens* quien tiene esa característica délfica:

```
20              MAMMALIA PRIMATES. Homo.
                    I. PRIMATES.
          Dentes Primores superiores IV, paralleli.
          Mammæ Pectorales II.
     1. HOMO nosce Te ipsum. (*)
```

Con todo, las críticas no dejaron de producirse, pues, pese a las aclaraciones de Linneo, expresadas en los cambios de nomenclatura, el hombre seguía apareciendo degradado de su situación previa de «semejante a Dios». Sin embargo Linneo no dejó nunca de afirmar la pertenencia del hombre a ese reino más amplio, el de los animales, pero teniendo en cuenta que su «diferencia específica» marcaba una distancia muy grande, que lo situaba en la cúspide animal. Frente a la propuesta linneana, algunos naturalistas españoles y franceses –entre los que destacamos a Francisco Fabra Soldevilla (1778–1839) o Jean Louis de Quatrefages (1810–1892)– separaban drásticamente al hombre de cualquier otro animal. Fabra Soldevilla y Quatrefages eran partidarios de una tradición que partiendo de Platón llegaba hasta Descartes, pasando por el médico de Medina del Campo, Gómez Pereira. Consideraban la racionalidad situada en el alma, la cual está separada del cuerpo, por ser una sustancia totalmente diferente, y la única susceptible de racionalidad. El cuerpo era solo una suerte de maquinaria sujeta a las leyes naturales. Estos autores propusieron separar del reino animal un reino que fuera exclusivo del hombre, el «Reino hominal».

De un modo u otro, la definición de «hombre» en su *Systema naturæ*, era demasiado generalista por adecuarse a la definición tradicional, no en vano y pese a las desavenencias señaladas el hombre se seguía definiendo como lo había hecho Platón, como «animal racional». Una definición que no se pondría en duda hasta más allá de mediado el siglo XX, por mor de los desarrollos de la nueva ciencia de la etología. Pero de la generalidad no se separaban tampoco otras definiciones que se habían barajado en la tradición. Nos referimos, por ejemplo, a la de *homo faber*, de Apio Claudio el Ciego. Definición con la que, muchos siglos después, estaría plenamente de acuerdo Carlos Marx. Sin embargo, de la generalidad de estas definiciones señaladas se había separado la expresada por Aristóteles. Para este filósofo el hombre desde luego que era racional, pero lo era, no por sí mismo, por ser hombre o por tener un alma muy diferente de su realidad corpórea, sino que si era racional lo era por pertenecer a una ciudad. El hombre era *zoon politikon*, era un «animal político», que solo en el seno de la polis podía desarrollar y usar la palabra. Esta definición de Aristóteles se distancia de todas las demás, sobre todo por incidir en la idea de polis, en la idea de una institución como era la polis, la ciudad. La implicación de esta doctrina aristotélica es que solo en el seno de las instituciones es posible que el hombre se pueda considerar racional. Algo que no entendieron ilustrados de la talla de Juan Jacobo Rousseau, que expresó el famoso mito del «buen salvaje», siguiendo la estela de un filósofo musulmán, Ibn Tufail, con su tesis del «filósofo autodidacto». Linneo, con su definición de hombre como *homo sapiens*, se sitúa en la línea argumental que parte de Platón. Línea argumental que está hoy día tan extendida, pese a su debilidad. Denominar así al hombre es una distorsión tan relevante e inadecuada, como otras muchas asunciones difíciles de anular. Pensemos en lo que se dice habitualmente: «el sol sale», como si fuera el astro rey el que girase alrededor de una Tierra estática. O en la contradictoria expresión de las partículas que ordenan la tabla periódica de los elementos químicos, que son susceptibles de división interna en otras partículas, las cuales seguimos nombrándolas como «átomos».

La dependencia de la tradición, en la definición de hombre linneana, puede también reconocerse en las representaciones artísticas. Y no podemos dejar de tenerla en cuenta si queremos entender qué es el hombre, y las diferencias que en su ámbito se dan y que derivan en la justificación del ideario racista. Así, lo que nos dice Linneo, también se ajusta a la imagen del hombre que podemos ver desde la antigüedad. A modo de ejemplo podemos acudir al famoso tratado teórico de Policleto, el *Canon*, que era expresión de sus más conspicuas obras escultóricas. En la época moderna, y como obras pictóricas en este caso, destacamos el también canónico «Hombre de Vitruvio», de Leonardo da Vinci, y las imágenes de Jesús, pintadas en la Capilla Sixtina, por Miguel Ángel tanto en el centro del techo como en la parte central del frente, en lo que se denomina «El juicio final». Este canon es el de un hombre blanco, caucásico diríamos ahora, atendiendo a la clasificación más extendida hoy día (y a la que están habituados los que viajan a Estados Unidos), con la que se pretende segregar ahora por «etnias». Esta metodología segregacionista aprovecha la terminología acuñada por Johann F. Blumenbach (1752–1840), pues fue él el que propuso como denominación de la población europea a la «raza caucásica»[11]. Los WASP se incluyen en ella, de esa forma se distinguen de los asiáticos y de africanos, pero sobre todo, de los hispanos que hoy son cada vez más números dentro de sus fronteras.

---

[11] El término adoptado por Blumenbach ya era de uso habitual entre naturalistas. Con él describían a la población que vivía en estos territorios: la europea, los norteafricanos y todo el Asía occidental. El término se usaba, en esos contextos científicos, indistintamente con el de «raza blanca».

En la expresión del hombre linneano ya estaban presentes estas diferencias entre el considerado como canon y los que solo se asemejaban a él. Dentro de lo que Linneo entendía por *sapiens*, se daban una serie de importantes variaciones, de modo que, el que luego iba a ser el caucásico, estaba perfectamente definido en contraste con los sapiens de otros continentes. Y así, leemos que existen los europeos *albus*, los asiáticos *luridus* (sucios), los africanos *niger*, y los americanos *ruben sense*. De los muy diversos calificativos que dedica a cada variación solo hemos tomado la señalada, pero la cantidad de términos que Linneo utiliza en las descripciones son en su mayor parte poco adecuados, pues incluso la vestimenta y otros usos, que hoy calificamos como culturales, le sirven para definirlos. Estas son las expresiones que nos propone Linneo de las cuatro razas de *homo nosce te ipsum*, en la décima edición reformada de su *Systema naturæ*, en las páginas 20–22:

America-α. rufus, cholericus, rectus. nus. Pilis nigris, rectis, crassis; *Naribus* patulis; *Facie* ephelitica, *Mento* subimberbi. *Pertinax*, hilaris, liber. *Pingit* se lineis cadaleis rubris. *Regitur* Consvetudine.	Asiati- γ. luridus, melancholicus, rigidus. cus. Pilis nigricantibus. *Oculis* fuscis. *Severus*, fastuosus, avarus. *Tegitur* Indumentis laxis. *Regitur* Opinionibus.
Euro- β. albus, sanguineus, torosus. pæus. Pilis flavescentibus prolixis. *Oculis* cæruleis. *Levis*, acutissimus, inventor. *Tegitur* Vestimentis arctis. *Regitur* Ritibus.	Afer. δ. niger, phlegmaticus, laxus. *Pilis* atris, contortuplicatis. *Cute* holoserices. *Naso* simo. *Labris* tumidis. *Fœminis* sinus pudoris; *mamma* lactantes prolixæ. *Vafer*, segnis, negligens. *Ungit* se pingui. *Regitur* Arbitrio.

En cada uno de los *homos*, por continentes, aparece un color asociado a la piel: el europeo, blanco, el americano, rojo, el asiático, amarillo y el africano, negro. Y como podemos leer en el extracto citado del texto de Linneo del europeo dice que es blanco, sanguíneo y ardiente; su pelo rubio y en cantidad; que su aspecto es ligero; que es ingenioso; que se viste con ropas teñidas; y, por último, que se rige por leyes. Del asiático: que es cetrino, melancólico y grave; que su pelo es oscuro y sus ojos rojizos; que se muestra severo, fastuoso y avaro; que sus ropas son anchas; y que su comportamiento se rige por las opiniones. El americano: de piel roja; de pelo liso y grueso; que sus orificios nasales son anchos, que su cara es pecosa y sin barba; que es obstinado pero alegre; que vaga en libertad; que se pinta la cara con líneas rojas; y que su comportamiento se rige por costumbres. Por último, el africano es de piel negra y aceitosa; su carácter es indolente, además de tener costumbres disolutas; que su pelo es negro y encrespado; que su nariz es simiesca y sus labios gruesos; que vagabundea por sus tierras, mostrándose perezoso y negligente; y que se rige por la arbitrariedad y no por las normas.

Las críticas no se hicieron esperar. Quatrefages señaló que en las expresiones clasificatorias propuestas por Linneo se mezclaban expresiones propias de la antropología, propiamente dicha, con otras que no eran científicas, como la indumentaria de algunos de ellos, que es un elemento cultural. Pero lo que a nosotros nos interesa más es que, en esta gradación propuesta por Linneo para los homo sapiens, está presente el racismo, pues el canon que se consagra es el del hombre europeo, el que estaba expresado ya en el arte griego, y de un modo muy marcado también, tal y como ya hemos señalado, en el periodo renacentista.

4. Fundamentación científica del racismo. Jorge Luis Leclerc, conde de Buffon

Hemos señalado previamente que Linneo no expresó explícitamente la definición de raza en ninguna de las distintas ediciones del *Systema naturæ*. El que sí lo hizo fue el conde de Buffon (1707–1788). Para este naturalista francés la raza es un concepto zoológico, tal y como lo expresa en diversas obras, de entre las cuales es imprescindible citar su *Historia natural, general y particular*. Esta obra se desarrolló nada menos que en treinta y seis volúmenes, y fue escrita desde 1749 hasta el año de su fallecimiento. Las razas definidas por él, vienen dadas por las variaciones que surgen en el seno de las especies zoológicas, y que se perpetúan generacionalmente. Por otra parte, lo que pensaba sobre las especies tenía una gran proximidad con lo que se expresaría como «especie» en el marco de la ciencia de la Biología. Defendió la existencia de un posible ser originario, a partir del cual se habrían dado transformaciones –de las que no señaló tampoco su causa o la regla rectora– hasta llegar a la diversidad conocida. Pero esa falta de explicación ha hecho que estas afirmaciones se consideren una mera especulación, sobre todo porque el mismo Buffon las rechazó, al constatar la infertilidad de los descendientes hibridados. Sin embargo, sí encontramos la afirmación argumentada de un transformismo de las especies, pero limitado al interior de cada especie, por lo que no cabía una evolución en el sentido que luego expresó Darwin.

Para fundamentar su idea de «especie» afirmaba que se daba una constante caracterológica a través de las generaciones, y que era imposible que dos especies diferentes, si se cruzaban con éxito, el fruto de tal cruzamiento pudiera tener descendientes a su vez. O lo que es lo mismo, que tales descendientes híbridos era imposible que fueran fecundos, uno de los ejemplos que podemos destacar es el cruce de la especie *equus ferus* (yegua) y *equus africanus* (burro), de la que surgen los mulos infértiles[12].

Pero lo que nos interesa aquí es que dentro de las especies, como por ejemplo la humana, las distintas variedades serán lo que se denominarán como *razas*. Aunque las razas no tienen el grado de consistencia de las especies, tienen una consistencia tal que permite que puedan ser clasificadas. Por otra parte, los caracteres raciales se mantienen reproductivamente. Y si las variaciones raciales se mezclan, al ser fértiles entre sí, se da una hibridación que sí es fecunda, de modo que, a este

---

[12] Y si el cruce es de caballo y burra, el mulo es un tanto diferente, y se le denomina burdégano. Por otra parte, hoy sabemos que la hembra que surge de este cruce de especies, en muy contados casos, sí puede generar óvulos fértiles.

respecto, entre las razas sucede lo que no pasa con las especies. Por ello, la unidad de clasificación de los seres vivos será la especie y no la raza, tal y como pudimos leerlo después en la obras de Darwin.

Buffon consideró que las variedades de *homo sapiens* –las que Linneo había propuesto– eran las razas humanas definidas por él. Despreció las descripciones linneanas de los diferentes *homos*, en base a costumbres y usos, y tuvo en cuenta solo lo que definía al hombre por su relación con otros hombres. Además de por su constitución propia, que es la que permite que sea definido como hombre. Otra de las consideraciones que podemos leer en Buffon es que el hombre originario había surgido muy cerca de la cordillera del Himalaya. Ese hombre era el hombre ario. Esto derivó en que, en la época de los nazis, se llevara a cabo esa importante incursión en la zona, con el *Reichsführer* de la tristemente famosa *SS –Schutzstaffel–* Heinrich Himmler a la cabeza, para buscar el origen de la raza que, según ellos, tenía que dominar el mundo. Por otra parte, no podemos dejar de señalar que cuando en Estados Unidos se refieren al hombre caucásico, está presente este mito expresado por Buffon.

Buffon negó el parentesco entre hombres y simios debido a su defensa de un mero transformismo interno a la especie. Y esto en intensa polémica con un precursor de la teoría darwinista, James Burnett, más conocido por Lord Monboddo (1714–1799). Empero, aseguró que en América se había dado una ralentización en el transformismo de la especie humana, pues para él los indígenas americanos eran inferiores a los homo sapiens europeos. Afirmación que no le excluye por tanto del racismo que se estaba fraguando en los países de la Europa germánica y Francia, los que iban a conformar los futuros imperios colonialistas.

5. Fundamentación científica del racismo. Johann F. Blumenbach

El alemán Johann Blumenbach (1752–1840) fue, tal y como ya hemos señalado, el introductor del sintagma «raza caucásica» para distinguir a los europeos de los que no lo eran. Este naturalista también fue uno de los primeros en hacer uso de los análisis craneales[13] para, a partir de sus medidas, extraer conclusiones clasificatorias (el segregacionismo del siglo XIX y el movimiento eugenésico del siglo XX llevaría esta metodología hasta límites insospechados).

---

[13] La craneología fue una disciplina que con el paso del tiempo pasaría a denominarse frenología.

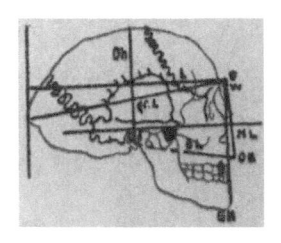

Consideró que las variaciones físicas que habían derivado en las diferentes razas habían sido causadas porque el ser humano había tenido que adaptarse, a lo largo de muchos milenios, a muy diferentes condiciones climáticas, dependiendo de los diferentes lugares en que habitaba. Aunque nunca expresó cuál pudiera ser el mecanismo director de esas variaciones. Algo que solo expresarían los naturalistas que introdujeron el ideario evolucionista a lo largo de ese mismo siglo XIX. Blumenbach comenzó sus estudios craneométricos a finales del XVIII, y a partir de ellos determinó la existencia de cinco razas diferentes: la mongólica, de color amarillo; la americana, de color rojo; la malaya, de color pardo; la etíope, de color negro; y por último, la caucásica, de color blanco. En la descripción de la raza mongólica incide en su nariz ancha para diferenciarla de la caucásica blanca, que para él sería la de medida canónica. La raza blanca no solo se situaba geográficamente en lo que conocemos hoy por Europa, pues también llegaba al norte de África, habiendo representantes de la misma en zonas de Asia, concretamente en las orillas del mar Caspio. También afirmó que ni los lapones del norte, ni los fenicios (tampoco los judíos) eran caucásicos. El canon caucásico aquí definido es el canon renacentista.

Uno de los primeros en aceptar las conclusiones de Blumenbach fue el también alemán Friedrich Max Müller (1823–1900), que en base a la propuesta del primero señaló que la raza caucásica es la de piel blanca, de pelo moreno y rizado, con forma ovalada de la cara, de nariz delgada, y con dientes perpendiculares y labios no muy gruesos. Müller también fue el que acuñó el término «raza aria», refiriéndose a los que hablaban una lengua que previamente había señalado como «aria».

Quien se hizo oír con más ímpetu para contrarrestar estas opiniones, expresadas por Blumenbach y otros muchos, fue el estadounidense –de origen judío– Stephen J. Gould (1941–2002), que opinaba que no hay argumentos que permita extraer conclusiones diferenciadoras respecto de las razas, a partir de la medida de los cráneos ni a partir de otros tipos de medida desarrollados posteriormente. El determinismo biológico expresado por la craneometría derivaba en que podía decirse que las diferencias sociales –pero sobre todo las razas– tenían un carácter hereditario. Gould no solo se opuso a esta doctrina, también negó las conclusiones similares que emanaban de otros tipos de medida, la derivada de la realización de test de inteligencia. La crítica de Gould incidía en que no se atendía a otros factores que podían determinar los diferentes resultados de los test. A partir de la realización de test de inteligencia a personas provenientes de distintos continentes se llegaba a afirmar lo mismo que se había afirmado con la craneometría, que el valor de una persona, o de un grupo social, se podía asignar mediante la medida de su inteligencia, y siendo esta medida un número simple. La conclusión que extrae Gould, y que podemos leer en su libro *La falsa medida del hombre*, es que la teoría de las cinco razas –expresada por Blumenbach y aceptada por Müller y muchos otros, de los que vamos a considerar aquí algunos– es puro racismo.

6. Fundamentación científica del racismo. Robert Knox y Samuel G. Morton

El médico y naturalista británico Robert Knox (1791–1862) se hizo muy famoso por desarrollar una actividad tan ilegal como morbosa, la de la compra de cadáveres. Robert L. Stevenson lo hizo personaje de su conocida novela *El ladrón de cadáveres*. Stevenson nombra a Knox en la novela con el apelativo de «doctor K». Su narración tendría una adaptación cinematográfica en 1945, pero no fue la única, pues la sordidez del asunto era directamente proporcional al interés del público receptor. Knox escribió algunas de sus conclusiones en *The Races of Men. A Philosophical Enquiry Into the Influence of Race Over the Destinies of Nations*. En este libro mostraba crudamente su racismo. Lo expresaba en afirmaciones como la de que los anglosajones eran la raza superior, por lo que no puede mezclarse con otras razas inferiores, las cuales deben de ser liquidadas, borradas de la faz de la Tierra. Una opinión que no es novedosa, como todos ustedes lectores han podido comprobar al leer las páginas previas de este documento.

Samuel George Morton (1799–1851) también fue un racista declarado, y como Knox, médico y naturalista, aunque no era británico sino estadounidense. Se caracterizó por defender la doctrina del poligenismo. Además de su consideración de naturalista también se le tiene por antropólogo, pues muchos lo señalan como el fundador de lo que años después se denominó Escuela americana de Antropología. La doctrina que defendía esta escuela es también considerada como el origen del racismo científico, pues sus afirmaciones son previas a las que se dieron tras la aceptación de la teoría de la evolución y los desarrollos que esta tuvo en el plano social, dando de ese modo pábulo a los argumentos racistas e investiéndolos de cientificidad. La doctrina inaugurada por Morton era segregacionista respecto de los seres humanos, y expresaba las diferencias entre los hombres sin atender a la idea de raza sino a la de especie, pues esas fueron las conclusiones a las que llegaron algunos de sus discípulos. Años después una de las figuras más eminentes de la Escuela, Franz Boas, se opondría a esas ideas.

Morton había aceptado las conclusiones craneométricas de Johann Blumenbach, mucho antes de que estas fueran también tenidas en consideración por Max Müller. Para él, la medida del cráneo iba en proporción a la inteligencia. Tras hacer acopio de gran cantidad de cráneos de diversos continentes expresó cual era la medida craneal que marcaba la distinción entre las razas humanas de color blanco y de color negro. Respecto de las diferencias entre los seres humanos por continentes llevó a cabo una definición de los mismos que continúa la tradición linneana. Esto lo podemos leer en sus dos obras: la de 1839, *Crania Americana*, y la de 1844, *An Inquiry into the Distinctive Characteristics of the Aboriginal Race of America y Craneana Aegyptiaca*. En estas obras expresa gran número –muchos más que los que expuso Linneo– de caracteres dependientes de descriptores morales, sociales y psicológicos. Y así, de los habitantes originarios de América del norte señala que son de tez morena, de pelo largo y de color negro, con una barba muy rala. Y tras la descripción física introduce las apreciaciones sociológicas y psicológicas que hacen que lo consideremos racista: el carácter mental de estos indios –que tacha de infantil por falta de desarrollo– hace que huyan del trabajo del campo, y que sean muy torpes para el aprendizaje. También que son vengativos, ingratos y un largo etcétera, en el que incluye que si quieren a sus vástagos es por motivos egoístas. Por otra parte, su falta de espíritu de trabajo hace que devoren los alimentos crudos. De los africanos señala algunas características que están en esta misma línea derogatoria respecto de su carácter y sus virtudes. Tras la pingüe descripción física, señala que su carácter moral les lleva a no valorar el trabajo, prefiriendo la diversión; son supersticiosos y crueles. Intelectualmente poco desarrollados, pues no expresan capacidad inventiva, y lo que consiguen es imitar lo que hacen los blancos, de modo que consiguen ser buenos trabajadores. Destaca

Morton su gusto por la música. Las descripciones derogatorias de indios y negros todavía quedan más marcadas cuando atendemos a lo que dice de los blancos caucásicos: de ellos destaca la hermosura de su piel, el cabello fino que puede expresar distintas formas al dejarse largo, además de que puede tener muy diferentes colores. Su cráneo es grande, por lo que las dotes intelectuales son enormes. Y sexualmente muy fértil, siendo por ello que ha llegado a tantos lugares de los diferentes continentes.

Morton tuvo importantes epígonos, de los que podemos destacar a Josiah C. Nott. Nott escribió *Types of Mankind* (1854), una obra en la que continúa la defensa que, del poligenismo y de la craneometría, había desarrollado su maestro. También a Louis Agassiz, que defendió que mucho peor que las relaciones incestuosas son las del mestizaje, pues destruye la pureza de la raza blanca, degenerándola. También defendió el poligenismo. Y consideraba que los grupos raciales eran no razas diferentes sino especies diferentes, abundando en que la especie de los negros africanos era la más inferior de todas las existentes.

7. La doctrina racista de Joseph Arthur, conde de Gobineau

La doctrina del supremacismo racial desarrolló sus bases en el siglo XVIII, gracias a los intereses colonialistas de potencias como Inglaterra, Francia u Holanda. Unas con más éxito que otras. Sus naturalistas habían sentado esas bases, pero solo sería en el siglo XIX, cuando el supremacismo racial iba a estructurarse de tal modo que nos iba a poner en las puertas del holocausto en los años 40 del siglo XX. La consumación del mismo y la respuesta dada a las masacres cometidas no tuvieron el efecto esperado, pues la doctrina supremacista sigue vigente. Nosotros estamos aquí denunciando que en el Estados Unidos actual, ese modo de entender qué es el ser humano todavía resuena. La prueba de ello es su modelo de sociedad multicultural, compartimentada en grupos raciales a los que la cultura popular atribuye de manera grosera algunas características definitorias: a los blancos el ser intelectuales; a los asiáticos, trabajadores; a los hispanos, el ser sumisos e ingenuos; y a los negros, el ser orgullosos y violentos, además de estar dotados para la actividad física y el baile.

Como decíamos al comienzo de este epígrafe, es en el siglo XIX cuando la doctrina del supremacismo racial se expresa de un modo diáfano. Lo que se entendía por raza aria estaba expresado desde los escritos de Max Müller, pero los argumentos relativos a su superioridad los encontramos en la obra *Ensayo sobre la desigualdad de las razas humanas* (1854), de Joseph Arthur, más conocido por su título nobiliario de conde de Gobineau (1816–1882), que fue un conocido diplomático francés. Su trabajo como diplomático, desarrollado a lo largo de treinta años, le permitió conocer de primera mano Irán (Persia), Brasil y muchos otras naciones, entre ellas las europeas. Las diferencias observadas entre los que habitaban en unos lugares y otros, atendiendo a sus hábitos de vida, le llevaron a defender la superioridad de la raza germana respecto de las demás razas que ya habían sido tipificadas por los naturalistas del siglo anterior.

Según Gobineau, la raza aria, la de los germanos y la de los habitantes de otros pueblos del norte de Europa, y de otros diferentes lugares a los que habían llegado con el paso de los siglos, entre ellos, del que era originario él mismo, tenía su origen en Asia. Pero, tal y como señala en su libro, esta raza aria solo se había preservado en mayor grado de pureza en el norte de Europa. Cuando este aristócrata y diplomático acudió a Persia pudo darse cuenta de que, de la raza aria allí originada, no quedaba gran cosa, pues predominaban los semitas, que para él era una raza inferior. Los arios se habían diluido al mezclarse con estos semitas, y para Gobineau esto era lo peor que puede suceder: la raza superior al mezclarse con razas inferiores se degeneraba. Las naciones caen sobre todo por una causa, siempre presente en las reiteradas decadencias. Esta causa es la degeneración de su pureza racial. La historia depende sobre todo de este factor permanente, el derivado de esa destrucción del poder de una raza, debido a que no cuida su ser originario al diluirse con otros inferiores. Aunque también puede darse una casuística inversa, pues algunas razas inferiores – como era el caso de otras razas asiáticas diferentes a la raza aria– al recibir a individuos arios y mezclarse con ellos, consiguieron para sus poblaciones logros insospechados. Como antes había afirmado el bibliotecario y antropólogo alemán Gustav F. Klemm (1802–1867), Gobineau pensaba que la Humanidad se dividía en dos grandes grupos, los fuertes –Klemm hablaba de «activos», que para el aristócrata francés eran los de raza aria– y los débiles –los «pasivos», para Klemm–, entre los que se cuentan todos los demás, todos los no arios. La doctrina de Klemm está desarrollada en su vasta obra titulada *Allgemeine Culturgeschichte der Menschheit*. En este sentido, no podemos evitar señalar al lector cómo estos planteamientos fueron desarrollados, perfeccionados y llevados a una política de Estado por los nazis en los años 30. Ahondando la idea que el nazismo prosperó en un terreno abonado por estas ideas racistas, supremacistas y cientificistas.

Sin embargo –sigue diciendo Gobineau en su *Ensayo*– cuando la raza aria no se mezcló se dieron las más grandes civilizaciones: así sucedió en India, en Egipto o en China. Allí los blancos arios fueron los que comenzaron su civilización sin mezclarse con los que allí habitaban previamente. O como luego sucedió en Grecia y Roma. Para Gobineau, cualquier desarrollo civilizatorio se derivó del concurso de la raza aria. De modo que se dan tres reglas constantes en cualquier auge y declive de una civilización: En primer lugar la creación de la misma por miembros de la raza blanca o al menos por su participación, En segundo lugar, que la civilización se mantiene solo si se conserva la pureza racial. Y en último lugar, la decadencia dependerá por la mezcla con otros sujetos de razas diferentes (negros, semitas, indios), y lógicamente inferiores como atestigua la caída del Imperio español.

Atendiendo a lo que los naturalistas del siglo pasado ya habían dicho, Gobineau expresa que en el mundo hay tres grandes razas: la negra, la amarilla y la blanca. Las dos primeras son muy diferentes entre sí pues la negra, respecto de la amarilla, no tiene visos de progreso por sí misma, aunque señala que destaca en cuestiones relacionadas con el arte. Su inferioridad sobre todo se deriva de los hábitos de vida y alimenticios. El hecho de tener una pobre alimentación les coartó las capacidades intelectuales, además de las físicas. Los individuos de raza amarilla –de rasgos muy diferentes a los de la negra, sobre todo atendiendo a la estructura craneal– pese a ser superiores a los de la raza negra, tampoco son capaces de promover cambios en la historia. Solo la raza blanca es capaz de transformar la sociedad, y en el seno de esta raza, además, está la gran «tribu», la más cualificada, la tribu que destacó entre todas, la de los arios. Las migraciones que esta tribu llevó a cabo a lo largo del devenir histórico fueron el motor de la historia.

Cuando Gobineau escribe su libro destaca que la raza aria, en sentido más puro, está en el norte de Europa (Alemania, Reino Unido, etc.) y en los Estados Unidos de Norteamérica. Respecto de los españoles, de raza mediterránea en el sur peninsular y raza alpina en el resto, alude a su papel en América, y señala que, pese a ser blancos, su raza estaba devaluada (suponemos que esta afirmación es deudora de los argumentos negrolegendarios que proliferaban por todo el mundo), y que se devaluó todavía más al mezclarse con los indios americanos. Con todo, incide en que fue esa España, tan fuertemente melanizada y semitizada (he aquí el negrolegendarismo ancestral), «quien durante un siglo (*sic*) dominase por las armas a toda Europa y se anticipase al ario en la conquista del continente americano». En América, los que no se mezclaron con los indios fueron los anglosajones que hicieron sucumbir a los indios del norte. Sucumbieron por el contacto con la energía aria, energía que estaba presente en la raza germánica de los anglosajones.

Continúa su argumentación señalando que los aristócratas del norte de Europa son superiores a las clases bajas porque estas se han mezclado abundantemente con blancos del sur, con razas alpinas y mediterráneas. Estas razas son mestizas y fruto de la acción política de los Imperios griego y romano, además del otomano. Todos ellos propiciaron el contacto con razas no blancas de África, animando a un mestizaje degenerador de la raza blanca. Como aristócrata y adaptado a la política imperial de Napoleón III, señalaba que la Francia previa a la Revolución y la posrevolucionaria era caótica debido a la contaminación racial que se había dado sobre todo en las clases media y baja.

La edición española de su libro es de 1937. En el prefacio que en ella se incorpora, el traductor Francisco Susanna nos dice que, tras más de medio siglo de olvido de su publicación original, «en todos los países del mundo se habla ahora del presente libro. No hay, en efecto, en los momentos actuales, una obra que en mayor grado apasione al lector medio de Europa y de América y que tan vivos debates suscite en los centros intelectuales y políticos de las principales naciones». Pese a lo que aseguró Susanna, referido a que durante mucho tiempo esta obra fue olvidada, no sucedió tal olvido de modo generalizado (sobre todo el olvido se dio en su Francia natal), pues pese a la escasa cientificidad de la obra, los proesclavistas anglosajones de Estados Unidos tomaron muy en serio las tesis del autor. Tanto como se las tomaron en Alemania. Sobre todo por el hecho de que, algunas de sus ideas tuvieron bastante predicamento, sobre todo en los que más tarde fueron aficionados a la música de Wagner y las ideas vertidas en sus óperas, además de los incondicionales de Friedrich Nietzsche. Uno de los primeros en estar influido por las ideas de Gobineau fue el filósofo nacionalizado alemán Houston S. Chamberlain.

8. La doctrina racista de Houston S. Chamberlain

Aunque nació en Inglaterra Houston Chamberlain (1855–1927), en su edad madura, se nacionalizó alemán.

La relevancia que su persona tuvo entre los alemanes de la segunda mitad del siglo XIX derivó del desarrolló de su doctrina, la cual se adecuaba a los intereses que, en ese momento, impulsaban a la construcción de una nueva Alemania y a su papel en el nuevo equilibrio político europeo y mundial. Además de que iban a hacerse fundamentales también más adelante, en el ideario del imperialismo alemán del III Reich impulsado por Adolfo Hitler.

Se mostraba partidario del racismo científico que implicaban los trabajos de Carlos Darwin (1809–1882) y los que aceptaron sus tesis, de entre los que podemos destacar a Herbert Spencer y a Thomas Huxley entre otros. Chamberlain, en su obra, defendía que todos los pueblos germánicos debían ser uno, o sea, lo que entendemos como pangermanismo. Siguiendo la doctrina que Juan Teófilo Fichte desarrolló en sus *Discursos dirigidos a la nación alemana* –una obra que también Bismarck había tenido muy en consideración– Chamberlain abogaba por una sola cultura alemana, que tenía que ser de raza blanca y religión protestante.

Chamberlain publica su libro *Los fundamentos del siglo XIX*, el último año de ese mismo siglo. En sus páginas hay un estudio de la realidad de su presente, desde el punto de vista de los que son como él, de los de su raza, la germana, que como él muy bien sabe, es la misma que la anglosajona. Como tantos otros que iban a leer su libro, pensaba que los hombres del norte son los auténticos dirigentes de la historia universal. Chamberlain nos habla de una Europa que en el sur se caracteriza por la mezcla racial (y su lógica degeneración, tal y como él mismo señala, desde su ideario supremacista). Un sur de Europa que está enfrentado a la del norte, con su raza pura, sin mestizaje de ningún tipo. El enfrentamiento de estas dos Europas a lo largo de la historia tiene una importante culminación en el siglo XVI, con la Reforma protestante, que se enfrenta al poder de la Iglesia Católica, representado por el Papa de Roma.

Todos los logros de la humanidad se deben al genio germano, en el que Chamberlain incluye momentos muy variopintos, como son: la reforma religiosa de San Francisco de Asís, las construcciones filosóficas de Santo Tomás y Duns Escoto, y los logros de personalidades tan diversas como Marcopolo, Giotto, Galvani, Roger Bacon, Lavoisier, Watt, Goethe, además de otros muchos. Pero también la revolución francesa. Los fundamentos del siglo XIX son expresados por la cultura que labró la mano germánica. De manera que según Chamberlain, la historia de la humanidad es la confrontación entre un sentido germánico y otro anti germánico de la vida. El sentido germánico empezó a dejarse hacer notar a partir del siglo quinto de nuestra era, cuando las hordas germánicas entraron en Roma. Nosotros también incidimos en que estos pueblos germanos no solo fueron hacia el sur, sino que también fueron a la Roma del Norte, a Britania, donde evitaron mezclarse con las poblaciones locales (celtas y britano–romanas) como vimos en el capítulo I.

Como herederos del mejor pasado, la raza dominante le debe mucho a Grecia, no por su filosofía, señala Chamberlain, sino por haber introducido la literatura, el arte. Y la deuda con Roma es muy grande, pues la tradición política que organiza los pueblos germanos es heredera del orden romano. Por último la herencia cristiana, que derrotó a la judaica, ha dibujado el carácter alemán, un carácter libre (sobre todo, libre de cualquier mácula judaica). De modo que el germanismo recogió lo mejor de la antigüedad: el arte de los griegos, la política de Roma y la libertad impulsada por Jesucristo.

El siglo XIX fue el de la unificación de Alemania. Algunas de las ideas que mejor sirvieron para conseguir la solidaridad entre los pueblos germánicos fueron las que expresaban el odio contra terceros, contra los no germanos, contra las razas impuras, perniciosas y débiles. Destacaremos dos focos fundamentales en ese rechazo cultural que promovieron los que acuñaron la nueva doctrina germánica:

– El primero de estos focos fue el odio intrínseco hacia los católicos y al catolicismo en general. Este se instrumentalizó en lo que se denominó la «lucha por la cultura», la *Kulturkampf* impulsada por el canciller de hierro Otto von Bismarck, y animada por los escritos de algunos historiadores, de entre los que queremos destacar a Heinrich von Sybel (1817–1895) pues toda su trayectoria como profesor de historia y como político estuvo marcada por los ataques al catolicismo. La cultura por la que abogó la *Kulturkampf* era una cultura propiamente alemana que venía definida, en religión, por el protestantismo luterano, y por una filosofía idealista que desarrollaba doctrinas adecuadas tanto a ese modo de ver el hombre como al mundo de los religiosos reformados. Su rechazo del papado le llevó a afirmar que el prototipo de lo antigermano estaba expresado precisamente por lo católico, incidiendo en la figura de San Ignacio de Loyola (fundador de la orden de los jesuitas) como el mejor ejemplo de lo que no era propio del espíritu alemán. Así este santo católico era por tanto la suprema encarnación del anti germanismo.

– El segundo foco de odio exacerbado es el dirigido contra los judíos. Un odio que ya estaba muy arraigado en la Alemania anterior a 1871. Fecha en que se dio la unificación, y su nueva expresión como nación política. Tras esa fecha el odio iba a verse multiplicado. Para tomarle el pulso a ese odio histórico, solo hay que acudir a textos de Lutero y de otros muchos. Destacamos aquí la figura de Heinrich von Treitschke (1834–1896) que se distinguió por impulsar el antisemitismo propio de algunos cristianos reformados, consiguiendo que arraigara como nunca lo había hecho entre un inmenso abanico de población. Según afirmaba Treitschke, los judíos alemanes no querían aceptar la cultura alemana que, por mor de la política de Bismarck, estaba consolidándose en la Alemania unificada.

Respecto de su rechazo por los judíos, Chamberlain llegó a afirmar que Jesucristo era ario, y que su discurso basado en el amor era un ideario superior que lo diferenciaba de la falsa e inicua doctrina hebrea. En su obra, alabada por Guillermo II, defendía a ultranza la supremacía de la raza aria. El Káiser expresó su agradecimiento a Chamberlain de muchas maneras, incluso le impuso el más importante de los galardones alemanes: la Cruz de Hierro. Argumentó el hecho de su concesión a Chamberlain por haber desarrollado, con su obra y su amor por Alemania, lo que denominó como una «gloriosa misión». El agradecimiento del emperador quedó perfectamente definido con la conocida frase que le dedicó: «Fue Dios quien envió tu libro al pueblo alemán».

Francisco Elías de Tejada en su libro *El Racismo*[14] nos dice que a principios del siglo XIX el rabino Salomón Libmann–Cerfberr había animado a los judíos a formar un solo pueblo, a dejar de ser alemanes, holandeses o polacos. Animaba en sus pláticas a que los judíos se superpusieran a los no judíos. Con ello consiguió un fuerte contingente semita en las tierras del norte de Europa, sin mezcla racial. A esta raza semita pura, Chamberlain propuso otra raza pura que se enfrentara a la anterior. Chamberlain consigue hacer de la idea de raza «el eje de la evolución de los sucesos históricos». Elías de Tejada llega a afirmar que «el olor del holocausto parece emanar de las páginas del libro de Chamberlain».

Las doctrinas racistas alemanas y británicas tomarán posiciones en Estados Unidos con el cambio de siglo. John W. Burgess (1844–1931), fue un destacado e influyente profesor norteamericano que se había formado

---

[14] El libro está editado por Pace, en Madrid, pero no tiene fecha de edición. En la extensa semblanza que este autor tiene en *Wikipedia* podemos leer que lo escribió en 1944.

en Alemania. Fue influenciado por las ideas referidas a la superioridad cultural alemana, de raza aria y religión protestante, y por el antisemitismo que allí se respiraba. Burgess asumió esta ideología y amplió su espectro en el contexto de la nación con la más importante separación racial de la época: los Estados Unidos, sobre todo focalizando la diferenciación racial entre blancos y negros. Segregación que ya era la tónica dominante allí. Burgess consideraba como la mayoría de compatriotas suyos que los negros eran inferiores, y como tantos otros racistas europeos, que la raza negra nunca habían sido motor civilizador. Estas conclusiones hicieron que promoviera un estrechamiento de lazos entre las principales naciones del norte de Europa (Alemania y Reino Unido) y Estados Unidos, por ello y por la afinidad racial, cultural y religiosa que los caracterizaba. Pero el factor determinante para una segregación y un mejoramiento de la raza iba a venir de la ciencia estrella que iba a consolidarse en los últimos años del siglo XIX, gracias a las propuestas de una de las personalidades más influyentes en la historia de la humanidad: Charles Darwin.

9. Darwinismo social y eugenesia

La trayectoria que siguió el racismo científico es la que estamos aquí recorriendo. El apoyo a las teorías de Linneo, de Buffon o de Gobineau, además de otros muchos que no mencionamos, es el espaldarazo que recibieron por la cada vez mayor aceptación de las teorías evolucionistas que, discutidas en tiempo del barón de Lamarck y de Erasmus Darwin, iban a ser aceptadas por muchos naturalistas a partir de la publicación de *El origen de las especies* en 1853, por parte del nieto del segundo: Charles.

Charles Darwin no era un anatomista, como Robert Knox, ni un medidor de cráneos, como lo habían sido Johann Blumenbach o Samuel George Morton. Darwin era un naturalista sin una especialización concreta, un naturalista aficionado que sin embargo se convirtió en el más influyente de entre todos los que buscaban respuestas a la cuestión del origen de la vida. Una pregunta que, sin embargo, la nueva ciencia de la Biología no ha podido responder, pese a la búsqueda constante de tantos biólogos: desde Darwin y Haeckel, hasta Richard Dawkins, pasando por Aleksandr Oparin, John B. S. Haldane y tantos otros. Lo que no puede obviarse es que la propuesta expresada por Darwin en su obra *El origen de las especies* dio el más importante espaldarazo imaginable a lo que hoy es la Biología. Su libro fue el primer jalón de la nueva ciencia.

Empero, esta nueva ciencia iba a mostrar en sus primeros años –en los previos a su consolidación como tal ciencia estricta, y en las primeras décadas del siglo XX– su lado más oscuro, que no era otro que el de dar todavía más argumentos a un racismo científico que iba creciendo al modo de una marea imparable. Una marea que quería anegar cualquier idea de igualdad en el seno de lo que se considera como el «género humano».

Tras la publicación del famoso texto de Darwin, debemos mencionar a tres importantes científicos, en lo que se refiere al racismo científico. El primero de ellos es Thomas Huxley, al que dieron –dada su impetuosa defensa de las ideas de Darwin, el apodo de «buldog de Darwin». Pero respecto de lo que nos interesa –el racismo argumentado por ideas científicas– por su conocido *Manifiesto de la Lucha por la Existencia*, escrito en 1888. Huxley fue un influyente naturalista y político, que ocupo cargos de gran relevancia entre la intelectualidad científica de la época. En concreto, ocupó la presidencia de muchas Sociedades científicas: la Geological Society, la Ethnological Society, la British Association for the Advancement of Science, la Marine Biological Association o la Royal Societ. El segundo es Herbert Spencer, que fue quien acuñó el famoso término darwinista de «supervivencia del más apto», además de que convenció a Darwin para que dejara de hablar de «transformismo» para pasar a hablar de «evolución», una idea, esta última, que él había considerado en sus estudios de sociología. Para muchos, la figura de Spencer fue la más relevante en el ámbito de lo que conocemos por «darwinismo social». Por último, a Francis Galton, que, para más señas, era primo hermano de Darwin. Galton fue quién introdujo, para el racismo científico, el término «eugenesia». Por otra parte, Galton también adecuó otras disciplinas a los desarrollos cientificistas implicados con el racismo, como fueron los de la «historiometría», o los de la «biometría»[15].

Por otra parte, la teoría expuesta por Darwin era acorde con los postulados de la filosofía imperante en el siglo XIX, el positivismo. Darwin regalaba al racismo la fundamentación científica que se estaba buscando y las aplicaciones prácticas que este desarrollo científico implicaba no se hicieron de esperar, tal y como hemos podido comprobar. Por otra parte, los tres naturalistas fueron los que se tomaron más en serio las tesis de Darwin para aplicarlas al contexto de lo social. Es más, podemos decir que con ellos se inauguraba lo que se vino en llamar «darwinismo social». Por eso mismo, podemos asignarles un buen cupo de responsabilidad en la consolidación de los argumentos que justificaron la superioridad del hombre blanco–germánico, y con ello, la justificación añadida de los exterminios provocados por él, y que hemos mencionado en los capítulos anteriores. Pero no solo esos, los que ya se habían perpetrado por los imperialismos depredadores inglés, holandés o francés, sino también los que iban a darse posteriormente. De estos últimos, destacamos el llevado a cabo por la política del III Reich alemán.

Además de las propuestas teóricas de los tres naturalistas mencionados, sería uno de ellos, Francis Galton, el que pondría en práctica una metodología que

---

[15] La historiometría atiende al material histórico de un sujeto (o un grupo de sujetos) Se atiende por tanto a sus escritos, su correspondencia, etc. Y la biometría es una parcela de la ciencia que analiza las características físicas –también del comportamiento– propias de un individuo. Lo que permitirá expresar su identidad.

tenía por finalidad el mejoramiento de la raza: lo que la Naturaleza hacía de modo ciego, sin propósito, ahora podía ponerlo en práctica el hombre, haciendo su particular selección. Como si los seres humanos fueran algo equiparable a los animales de granja. La evolución había generado especies distintas a lo largo de los tiempos, y esto también había ocurrido con los hombres. Lo que Darwin solo había insinuado respecto de variaciones dadas en el seno de la especie humana, fue lo que Galton desarrolló hasta sus últimas consecuencias.

Ser Francis Galton

Cuando Galton leyó el trabajo de Darwin se interesó en cuestiones que iban más allá de lo puramente biológico pues su máxima preocupación era saber si las capacidades humanas, no solo las físicas, dependían de la herencia. Una idea esta, la de la herencia, que en los primeros escritos de Darwin no tenía una explicación adecuada (tardaría mucho en reconocerse el trabajo del fraile Gregorio Mendel, para explicar sus leyes). La explicación que a Galton le pareció más adecuada para sus intereses era la que había presentado August Weismann (1834-1914). Este defendía que se daba en el seno de los seres humanos una herencia eterna e inmutable, y que estaba expresada en lo que denominó «plasma germinal». Este plasma era invariante en todas las generaciones, y además «inmortal», pues existía con independencia de lo que pudiera suceder tanto fuera como dentro del cuerpo del individuo. Tales invariancias se trasmitían a los individuos nuevos en cada generación. Galton, atendiendo a las tesis de Weismann, podía defender que el desarrollo humano, tanto físico como psíquico dependía de la herencia genética que les regalaban sus antepasados.

Así pues, las ideas de Galton derivaban en que se asumiera, como una verdad científica indubitable, que se da una desigualdad biológica, a la par que intelectual y moral, en los hombres de distintas razas. Las diferencias biológicas eran primeras respecto de diferencias que, en el mismo sentido, se podían dar por los logros económicos y sociales. La historiometría, una metodología estadística que él mismo introdujo, tenía como finalidad reconocer la eminencia, o todo lo contrario, en el seno de las familias de individuos triunfadores y en las familias de hombres degenerados. Si la herencia influía en esos caracteres debían mostrarse unos caracteres y otros en los diferentes miembros de esas familias. Convencido de ello, introdujo lo que para él y para muchos otros durante muchas décadas era una nueva ciencia: la eugenesia.

La eugenesia de Galton era un método de selección artificial que tenía como finalidad el mejoramiento de la raza humana. En su libro *Inquiries into Human Faculty and Its Development*, publicado en 1883, animaba los matrimonios –los gobiernos debían estimularlos monetariamente– de personas cuyos índices de perfección racial fueran altos, animando también a una importante reproducción en su seno. Tales indicadores se derivaban de los análisis genéticos que llevaba a cabo en el seno de las familias. Los pobres y depravados eran los individuos biológicamente inferiores, que casualmente eran los no germánicos: los italianos, los irlandeses, los polacos, los negros o los hispanos. Para Galton los dirigentes de los imperios y naciones que habían triunfado, eran «las flores biológicas de las naciones» (así los definen los ideólogos marxistas Mark M. Rosental y Pavel Iudin, en su *Diccionario abreviado de filosofía*[16]). Con sus propuestas eugenesistas Galton se subió a la «cresta de la ola» del racismo científico. Él y una cohorte

---

[16] Puede consultarse en el artículo Eugenesia de la web filosofía.org.

de seguidores, tanto de la Europa germánica–protestante como de Estados Unidos de Norteamérica, pusieron en práctica las ideas de ese nuevo desarrollo de esa otra igualmente nueva ciencia, la Biología.

FIRST
INTERNATIONAL EUGENICS CONGRESS
LONDON, WEDNESDAY, JULY 24th – TUESDAY, 30th, 1912.

To THE SECRETARY, EUGENICS EDUCATION SOCIETY,
6, York Buildings, Adelphi, London, W.C.

Kindly enrol my name as a MEMBER*
an ASSOCIATE† of the First International
Eugenics Congress for which I herewith enclose my fee. *(Cross out one of these lines).*
for which I will pay on arrival.

ABSTRACTS OF PAPERS

READ AT

The First International
Eugenics Congress,

UNIVERSITY OF LONDON.
JULY, 1912.

ENGLISH

CHARLES KNIGHT & CO., Ltd.
TOOLEY STREET, LONDON, S.E.

    Peter Lang–Stanton y Steven Jackson, escribieron en 1917, un artículo que podemos consultar en Internet y que está incluido en la serie *Documentary* de la BBC News. En ella desarrollan una crítica de lo que supuso la eugenesia en Estados Unidos. Lo hacen partiendo de los trabajos del profesor de historia de la Universidad de Yale, además de famoso divulgador –crítico– de la ciencia Daniel J. Kevles. En este artículo podemos leer que las ideas de Galton se llevaron a la práctica en todo lo que hoy llamamos Occidente. Inciden en que lo que ese naturalista quería conseguir, con las ideas que originalmente defendía, no era el exterminio de poblaciones enteras sino que proliferarán los hombres sabios en todo el mundo.

Esas ideas originales de Galton derivaron en que se diera una selección humana, una limpieza étnica, mediante metodologías de esterilización de los considerados débiles, mental, física o moralmente. Y decimos «moralmente» teniendo en cuenta los valores morales de la sociedad victoriana (de raíz anglosajona y protestante) de la época. La eugenesia que promovió partía de un control de la herencia genética, al modo de lo que los ganaderos y agricultores ya practicaban, pero que la teoría de la evolución había explicado científicamente. Mediante tal control pensaba que se podrían producir personas mejoradas en todos los aspectos: físico, intelectual y moral.

Hacia el cambio de siglo, la idea de Galton se estaba diseminando por el mundo, y empezó a echar raíces en Estados Unidos, en parte porque en ese tiempo la gente estaba preocupada por lo que le estaba pasando a sus ciudades. En 1890 ya se había fundado –en una población muy pequeña, cercana a Nueva York– un laboratorio que se proponía realizar reproducción humana selectiva. La población blanca de las grandes ciudades estaba preocupada por el crecimiento urbano, pues atraía a gente «depravada». Ese es el racismo WASP que estamos denunciando aquí, impulsado por unos beneficios derivados de la «bondad» de la ciencia. La Biología iba a permitir acabar con la depravación (los crímenes, el alcoholismo, la prostitución) que estaban llevando a las ciudades los depauperados del campo y los inmigrantes que llegaban a grandes oleadas.

Lang–Stanton y Jackson nos dicen que, según Kevles, en los primeros años del siglo XX esos factores justificaron que los blancos de clase media estuvieran de acuerdo con los métodos eugenésicos. En el emblema del movimiento eugenésico podemos leer: «La eugenesia va en la dirección propia de la evolución humana. Como si se tratara de un árbol, saca sus materiales de muchas fuentes y los organiza armoniosamente como si fuera una sola».

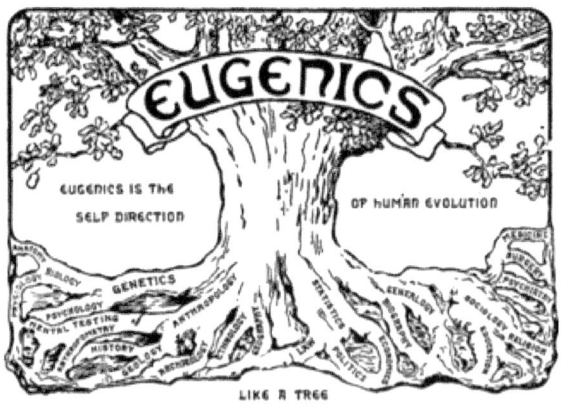

La situación de las ciudades norteamericanas podía solventarme mediante la nueva ciencia. El control de la herencia genética era la solución del problema, no como había pensado Galton en un principio que podríamos expresar como una eugenesia positiva, sino de carácter negativo, mediante el control de la reproducción, no permitiéndoles reproducirse a los considerados «degenerados». En el artículo de estos periodistas podemos leer una carta que escribe el que había sido presidente Teodoro Roosevelt (1858–1919) al biólogo y eugenesista Charles B. Davenport (1866–1944). Un Presidente que, por otra parte, también está considerado como destacado naturalista[17].

---

[17] La carta está copiada del artículo publicado por BBC News, escrito por Peter Lang–Stanton y Steven Jackson. Al parecer, tomada de una publicación de Kevles, aunque no lo señalan como tal.

Lawrence F. Abbott
PRESIDENT
William B. Howland
Karl V. S. Howland
SECRETARY

The Outlook
287 Fourth Avenue
New York

Lyman Abbott
EDITOR-IN-CHIEF
Hamilton W. Mabie
ASSOCIATE EDITOR
Theodore Roosevelt
CONTRIBUTING EDITOR

January 3rd 1913.

My dear Mr Davenport:

I am greatly interested in the two memoirs you have sent me. They are very instructive, and, from the standpoint of our country, very ominous. You say that these people are not themselves responsible, about it is society that is responsible. I agree with you if you mean, as I suppose you do, that society has no business to permit degenerates to reproduce their kind. It is really extraordinary that our people refuse to apply to human beings such elementary knowledge as every successful farmer is obliged to apply to his own stock breeding. Any group of farmers who permitted their best stock not to breed, and let all the increase come from the worst stock, would be treated as fit inmates for an asylum. Yet we fail to understand that such conduct is rational compared to the conduct of a nation which permits unlimited breeding from the worst stocks, physically and morally, while it encourages or connives at the cold selfishness or the twisted sentimentality as a result of which the men and women who ought to marry, and if married have large families, remain celebates or have no children or only one or two. Some day we will realize that the prime duty, the inescapable duty, of the good citizen of the right type is to leave his blood behind him in the world; and that we have no business to permit the perpetuation of citizens of the wrong type.

Faithfully yours,
Theodore Roosevelt

Charles B. Davenport Esq.,
Cold Spring Harbor, L.I.

Dice así, lo que leemos en la carta y que está enmarcado y resaltado por la línea de color rojo: «Concuerdo con usted si lo que quiere decir, como supongo, es que la sociedad no tiene porqué permitir que los degenerados se reproduzcan»

En 1910, también cerca de Nueva York, se inaugura un nuevo laboratorio que llevaba por nombre: «Oficina de Registro de Eugenesia». Allí se recogía información para procesarla y ordenarla. Los datos recogidos se referían a diversos estándares: color del pelo y de los ojos, problemas médicos, raza, actitudes violentas, promiscuidad, alcoholismo, etcétera. Muchos de los datos recogidos no provenían de los interfectos sino de terceros. Y para contrarrestar estos «degenerados» a eliminar, se promocionaba y premiaban a las consideradas «familias más aptas». La selección quedaba expresada tras llevar a cabo diversas pruebas relacionadas con el estado de salud y con el coeficiente de inteligencia. Los ganadores recibían una medalla en la que se podía leer el salmo 16:6 de la Biblia: «¡Hermosa herencia me ha correspondido!». Esto derivó en que la esterilización se llevaba a cabo por ley, y a que en el sistema educativo se promoviera –entre los blancos–protestantes–anglosajones, los WASP)– tener muchos hijos. El deber de su raza superior era la de reproducirse ampliamente como se hizo en el III Reich y en la Sudáfrica del Apartheid. Es interesante ver aquí un ejemplo típico en sociedades protestantes, donde no hay una verdadera separación entre moral, religión y ley. Haciendo así que la raza, la biblia y el Estado, buscando el paraíso en la tierra, siempre traen el infierno para los más débiles.

Siguiendo con los argumentos de Kevles, citados por los periodistas Lang–Stanton y Jackson, a mediados de los años veinte del pasado siglo la esterilización era legal en algunos estados. El colofón de una famosa sentencia dada por un juez de la Corte Suprema de Estados Unidos, por la que se justificaba la aplicación de la esterilización a la considerada «débil mental y promiscua» Carrie Buck (y la misma consideración tuvieron sus acusadores con la hija que había tenido tras ser violada), rezaba así: «Tres generaciones de imbéciles son suficientes». En los Estados Unidos de los años treinta del pasado siglo, la esterilización de estas personas, tenidas por inferiores, aumentó de modo muy amplio. Se prohibía la reproducción a todo aquel que fuera ciego, sordo, enfermo de epilepsia, deficiente mental… o pobre (el diagnóstico médico para estos últimos era el «pauperismo»). En esos años se esterilizaron más de sesenta mil personas en todos los Estados Unidos de Norteamérica.

Mientras que el primer congreso de eugenesistas se había celebrado en Londres, en 1921, tal y como hemos podido comprobar por la imagen que hemos intercalado en el texto (por cierto, justo un año después del fallecimiento de Francis Galton), el segundo congreso se celebró en la ciudad de Nueva York, inaugurándose a la vez una exposición que mostraba logros eugenesistas.

THE SECOND INTERNATIONAL EXHIBITION OF EUGENICS

HELD SEPTEMBER 22 TO OCTOBER 22, 1921,
IN CONNECTION WITH THE

SECOND INTERNATIONAL CONGRESS OF EUGENICS

IN THE
AMERICAN MUSEUM OF NATURAL HISTORY, NEW YORK

An account of the organization of the exhibition, the classification of the exhibits, the list of exhibitors, and a catalog and description of the exhibits

BY
HARRY H. LAUGHLIN
Chairman of the Committee on Exhibits

FORTY-SEVEN ILLUSTRATIONS

FIG. 1. GENERAL VIEW OF EXHIBITION HALL (FIRST FLOOR)

Años después de la celebración de ese segundo congreso, uno de los eugenesistas estadounidenses más conocidos, el antropólogo y geógrafo Ellsworth Huntington (1876–1947), afirmaría que los climas que son estimulantes, como lo son los del norte de Europa y de América (más arriba de las fronteras de México, por supuesto) tenían un importante papel en la evolución positiva de las que consideraba «civilizaciones superiores». Iudin y Rosental en el *Diccionario* mencionado van más allá todavía, respecto de las opiniones de E. Huntington, pues aseguran que era suya la frase siguiente: «sólo el *supermán* norteamericano tiene derecho a la posteridad». Algo que Huntington solo pudo decir después de 1933, pues fue en ese año cuando nació, por la asociación del escritor estadounidense Jerry Siegel y el dibujante canadiense Joe Shuster, el personaje de *supermán* (una suerte de alter ego del superior estadounidense medio, que era el nuevo modelo de hombre destinado a organizar el mundo, recordemos la doctrina del «Destino manifiesto» de O'Sullivan). Otra figura a destacar es la de Leon Whitney, que era miembro de alto rango en la Sociedad Estadounidense de Eugenesia estuvo pronto a seguir el ejemplo de Hitler en Alemania: «Mientras estábamos dando vueltas... los alemanes llamaban a las cosas por su nombre»[18]. Whitney, en esos años, animó a la esterilización de miles de norteamericanos no WASP.

Según el historiador y periodista Edwin Black (así lo señala Rubén Luengas en el artículo que hemos citado), los estudios de eugenesia que se desarrollaron en la Alemania nazi fueron fomentados y financiados por eminentes figuras estadounidenses. Concretamente, John D. Rockefeller donó importantes fondos al *Instituto Kaiser Wilhelm de Antropología, Herencia Humana y Eugenesia* situado en Berlín. El director de ese Instituto era Otmar F. von Verschuer. Más adelante inauguraría en Frankfurt otra institución para desarrollar investigaciones similares. El asistente más famoso de Verschuer fue el de todos conocido Josef Mengele. Este último continúo los

---

[18] Así podemos leerlo en el artículo Las raíces estadounidenses de la eugenesia nazi de Rubén Luengas, el cual extrae la información de los libros de Edwin Black: *IBM and the Holocaust: The Strategic Alliance between Nazi Germany and America's Most Powerful Corporation* y War Against the Weak: Eugenics and America's Campaign to Create a Master Race.

estudios promovidos por su maestro y dirigidos al mejoramiento de la raza, sin atender a cuestiones éticas, pues los experimentos promovidos por Verschuer tuvieron su punto álgido en los experimentos de Mengele en Auschwitz.

Después de la Segunda Guerra Mundial la eugenesia fue dejada de lado en Estados Unidos, incluso fue declarada ilegal por considerarse que había provocado crímenes horrendos. Pero toda ley tiene su trampa y los eugenesistas americanos abandonaron solo el término «eugenesia» y sus estudios pasaron a denominarse de «genética humana». Uno de los fichajes estrella de los antiguos eugenesistas de California fue nada menos que Verschuer. Eso sí, después de haber pasado por un proceso tipificado como de «des–nazificación» (por el que pasaron muchos hombres de ciencia, además de otras personalidades eminentes, que habían abrazado el régimen nazi). Verschuer llegó a ser una eminente figura tanto en Estados Unidos como en Alemania, y los eugenesistas estadounidenses consiguieron borrar del mismo modo su pasado criminal. Al parecer, los beneficios económicos que han tenido las industrias farmacéuticas y otras instituciones relacionadas con la «salud», traducidos como beneficios para el ser humano en general, han limpiado el racismo del movimiento eugenésico. Pero borrar palabras no elimina la machacona realidad, pues el racismo sigue vigente. Nosotros aquí es lo que estamos denunciando, el racismo y el supremacismo inveterado que los protestantes–germánicos anglosajones han expresado de modos tan diversos, respecto a otros grupos que eran considerados inferiores (judíos, católicos, negros, mestizos, etc.).

Podíamos pensar que con el final de la Segunda Guerra Mundial las ideas eugenesistas habían llegado a su fin, pero no fue así. En julio de 1948 se celebró en Estocolmo el VII Congreso Mundial de los Genetistas. Allí se presentó un informe «basado en la necesidad de aplicar la fecundación artificial como "medio de mejorar" la especie humana», así lo podemos leer en el artículo Eugenesia donde se atiende a lo que nos dicen Iudin y Rosental en el *Diccionario abreviado de filosofía* antes mencionado. Muy pocos meses después se firmaba la Declaración Universal de los Derechos Humanos. Pero este hecho no fue definitivo, tal y como hemos comprobado, para que las ideas eugenesistas desaparecieran.

En resumen, podemos concluir que la teoría de Darwin daba alas a la consideración de que unos hombres y otros son demasiado diferentes. Tal y como hemos podido comprobar en páginas anteriores, así era como los había clasificado Linneo, y así de este mismo modo veían a los seres humanos naturalistas como Robert Knox o Samuel G. Morton, entre otros. Las bases para destruir a otros hombres, al poner en duda su estatuto humano, estaban dadas. Esas bases iban a justificar no solo lo que había sucedido en el pasado con el colonialismo de los Imperios depredadores, sino que iban a justificar además lo que iba suceder en la II Guerra Mundial en Europa (esterilizaciones masivas, genocidio de grupos étnicos o el holocausto).

Tristemente, debemos denunciar que este racismo está todavía presente en el mundo WASP. Tenemos un ejemplo sin paliativos hoy día en Estados Unidos, cuando observamos, a pesar de los cambios, la separación flagrante entre los hispanos estadounidenses y los anglosajones que ostentan todavía el poder cultural, político y económico. Este racismo quiere ser escondido por el hecho de no mencionarlo, pero solo hay que atender a sus efectos para que se patentice.

10. Liberalismo, individualismo y racismo

Hablar de ciencias humanas solo fue posible tras los desarrollos de la filosofía alemana del siglo XIX, sobre todo si atendemos a los escritos de Guillermo Dilthey, el cual las denominaba «ciencias del espíritu». Los naturalistas del XIX, y los anteriores, desarrollaban sus trabajos sin delimitar de modo claro ambos contextos. La eugenesia, pese a que la Biología ya se había consolidado como ciencia positiva, siguió contaminando las verdades que podía expresar la nueva ciencia. Y hemos comprobado que incluso cuando la eugenesia se declaró como crimen contra la humanidad, las ideas de mejora de la raza (aunque ya no pudiera hablarse en esos términos) siguieron presentes.

Una de las importantes diferencias entre las ciencias humanas y las que no lo son es que la verdad de las primeras siempre está comprometida por la acción de los sujetos, que no pueden ser segregados del campo de acción de esas ciencias, algo que no sucede con las ciencias que no son humanas, como las matemáticas, la física, la química, etc. Otra cuestión diferente es lo que entendemos por filosofía, pues no puede clasificarse ni entre las primeras ni entre las segundas. La filosofía es otra cosa, pese a que muchos científicos, paralelamente a las verdades que consideran dependientes de su saber científico, expresen ideas filosóficas. Unas ideas que no tienen nada que ver, en la mayor parte de los casos, a los conceptos que ellos manejan. Las ideas (filosóficas) que ellos puedan expresar se pueden relacionar con los conceptos de la ciencia de la que son especialistas, pero también con conceptos de otros saberes muy distintos. El problema es no ver las conexiones y desconexiones que entre conceptos científicos e ideas filosóficas puedan darse. En pocas palabras: las ideas filosóficas no son conceptos perfectamente definidos sino resultado de los contrastes que se dan entre conceptos expresados por los distintos saberes y ciencias. Conceptos que a veces coinciden pero que no se refieren a lo mismo en los distintos saberes y ciencias. El filósofo Gustavo Bueno solía poner el ejemplo de la idea de estructura. Para definirla había que confrontar las distintas definiciones expresadas por los saberes que hablan de estructuras (lingüísticas, óseas, arquitectónicas...), solo así podríamos saber que decimos de lo que es «estructura» en un sentido general. Ese sentido sería el filosófico, pues lo concreto de cada estructura conceptual, dependiente de la lingüística, la Biología o la arquitectura, que son los ejemplos señalados, no tiene ninguna dificultad para ser expresado.

Otro ejemplo, más adecuado a lo que aquí nos interesa, y que puede clarificar más la cuestión es buscar una posible definición para el término que aparece en primer lugar en nuestro actual epígrafe: «liberalismo». Después de atender a las dificultades en las que la terminología nos suele envolver, a veces sin que nos percatemos de ello, veamos que queremos decir con el término «liberal» o «liberalismo», pues dependiendo del marco en el que lo mencionemos lo que es seguro es que no tiene un significado único. Se hace necesario delimitar a qué nos referimos con él, y para ello es más que pertinente hacer un recorrido, en este caso histórico, de sus diferentes significados.

El hombre libre griego (el *eleutheros*) era el que tenía responsabilidades en la polis, algo muy similar al *paterfamilias* romano, que también tenía el calificativo de *liber*. En sentido cristiano la libertad adquiriría un sentido universal, pues todo hijo de Dios tenía libre albedrío. De modo que el hombre libre se condenaba o se salvaba por sí mismo. Sin embargo, esto era algo que no iba a suceder, según el protestantismo. Como vemos muy diferentes significados, dependientes del contexto en el que se iba expresando lo que suponía esta idea de libertad. En 1812, este término se usó para referirse a un grupo humano por su marcada diferencia con los que eran seguidores de la monarquía, del Antiguo Régimen. Los «liberales» españoles, contrarios a la monarquía borbónica, se enfrentaban a los que la defendían, los «servilones». Aquí fue donde se acuñó el término «liberal». El calificativo tuvo tanto éxito que se adoptó en todo el mundo. Pero desde luego que el primer sentido adoptado no iba a ser el único. Con el paso de las décadas las referencias a las que el término liberal va a adecuarse serán muy diversas. Y así, el calificativo «liberal» iba a expresar el modo de vida y de hacer política anglosajón, pese a que en otros lugares de Europa decir «liberal» hacía referencia a otros diferentes modos de actuación. En Inglaterra el término liberal incluso calificó, extemporáneamente, a los niveladores y otros grupos políticos que, un siglo y medio antes de su acuñación, consiguieron acabar con la vida de su rey, Carlos I Estuardo. Hoy día se les llama liberales, a los que rechazan la intervención estatal en la economía, pero no por ello se definen como republicanos. En fin, que la idea de liberalismo es una idea sobre todo borrosa, pues no está nada claro a que nos referimos al utilizarla, ameritando siempre aclaración.

En los párrafos que siguen tenemos que tener en cuenta que el uso del término «liberalismo» tiene un modo de entenderse adecuado al discurso del autor que vamos a considerar. Este autor es Edmundo Demolins, que en 1897 escribió la obra *À quoi tient la supériorité des Anglo–Saxons?* No solo por atender a su consideración de lo que es el liberalismo, pues también expresa, de un modo adecuado a su discurso, ideas como la de socialismo. Demolins señala con el término «socialista» a los nacidos en la Francia, de su tiempo, a los alemanes o a los españoles. Por contraste con los que él considera liberales, que son los ingleses. También se refiere a los socialistas como comunistas (teniendo en cuenta que el término «comunismo», también «socialismo», ya estaba delimitando unos grupos sociales que dependían de la nueva ideología que se estaba haciendo fuerte a finales del siglo XIX y principios del XX, la ideología marxista–leninista).

De aquí la dificultad que he tratado de expresar previamente, y que quería marcar la gran distinción entre saberes estrictos, como ocurre con las ciencias positivas, que precisan manejar conceptos perfectamente definidos, pues sin tal definición la ciencia no puede dar un paso adelante. Los saberes, que también suelen llamarse científicos pero que no son estrictos (sociología, psicología, antropología, historia…), tienen mucho de filosofía, y los términos que manejan en sus explicaciones no son conceptos claros y distintos sino de una gran borrosidad. Esa falta de claridad es la que no permite expresar verdades de común aceptación para todos los especialistas de cada uno de esos saberes apuntados. Lo mismo sucede con los saberes previos a la consolidación de los mismos como ciencias (pensemos en lo que llamamos naturalistas, frente a los biólogos; o a los que defendían la física de Aristóteles, previamente a la consolidación de la newtoniana, por poner algunos ejemplos). Mucha de su terminología no es conceptual, sino ideológica, de ahí la dificultad. Y por otra parte, muchos son los saberes que definen los mismos conceptos de modos solo adecuados a sus campos de estudio. Una filosofía crítica[19] tiene que bregar con esas

---

[19] La palabra crítica expresa aquí su sentido originario, el

diferentes expresiones de un mismo término. Si tales diferencias no se traen a la luz, el discurso filosófico se hace oscuro, ininteligible.

Pues bien, para describir ese supremacismo anglosajón defendido por Demolins, nos vamos a fijar en lo que significa liberal para él: nada menos que la característica que marcaría la diferencia entre los que iban a dominar el mundo y los que iban a ser dominados. Estos últimos, como meras comparsas de los que ordenaban en ese momento el orden mundial, y los que lo iban a ordenar en el futuro. Eso sí, sin dejar de lado algo que ya hemos tenido en cuenta en los dos capítulos anteriores, y que se imbrica en ese ideario: el individualismo que implicaba el modo de actuar del hombre creyente cristiano–reformado. Allí vimos lo que ocurrió en la América anglo–británica: desde el siglo XVI, el individualismo protestante fue una máquina ideológica imprescindible para que, con el paso de solo dos siglos, las trece colonias llegaran a independizarse del Reino Unido.

También atendimos a que la religión protestante era reluctante a esa idea de libertad que posteriormente iba a jugar tan importante papel. El libre albedrío defendido por el catolicismo no era adecuado al modo de entender la *relación del hombre con Dios* de los protestantes. De manera que el éxito expresado por Max Weber no se iba

---

de separar, el de clasificar. «Crítica» en este sentido deriva de lo que se hace con una «criba». Un término y otro tienen la misma etimología.

a ver acompañado por la moral calvinista de sentirse elegido, pues eso solo podía aplicarse a unos pocos. El sistema económico triunfante iba a tener una explicación diferente a la weberiana, al tener en cuenta la idea de libertad de todos los hombres, y consolidada en los movimientos políticos que siguieron ahondando en la atomización[20] de la sociedad. Este es el camino que transitó el ideario individualista para conseguir consolidar el modo de entender al ser humano como la ideología rectora de las naciones políticas nacientes.

La libertad por tanto no dependía del cristianismo que, en sus diferentes modos de darse, influía en los revolucionarios sino de la querencia por acabar con el antiguo Régimen. De ese modo los hombres iban a poder «elegir» a sus gobernantes. Aquí está implicada la libertad que iban a poder ejercitar los nuevos ciudadanos, pues otros modos ejercitados de libertad iban a tardar mucho. Iba a ser preciso que se generara un mercado productivo de gran extensión, para tener libertad *para* elegir qué comprar, qué comer o de qué otras cosas disfrutar si es que estas iban a poder ser elegidas. Eso sí, si disponían del mínimo capital *para* poder obtenerlas. Que la mentalidad anglosajona tomara las riendas de la historia iba a determinar una nueva idea de libertad, la que hoy ejercita el común de los mortales que viven en lo

---

[20] No podemos olvidar que la palabra «á–tomo» del griego significa lo mismo que la palabra latina «in–dividuo». Ambas inciden en la no división. En la mínima expresión de lo real, Aplicado a la política: al hombre, o mejor dicho, al ciudadano.

que llamamos Occidente, y que parece extenderse a otras regiones del globo.

La libertad, o lo que se ha entendido por ella a lo largo de la historia, siempre ha sido de unos pocos. La disfrutaban los *eleutheros* griegos o los *liber* romanos, que fueron los que definieron por vez primera a qué se referían con ello, hasta los firmantes de la *Carta Magna* (los aristócratas coetáneos del rey Juan sin Tierra), los *levellers* cromwellianos, o los jacobinos franceses. Los ejemplos serían demasiados para seguir enumerándolos. Solo el mercado libre y la universalización de la democracia moderna ha traído libertad *para*: *para* comprar en supermercados, *para* votar, *para* ir de vacaciones, etc. Pero esta *libertad para* solo se ha disfrutado cuando un sistema económico lo ha permitido. Es comprensible atender aquí a la respuesta de Lenin a los comentarios que le hizo un político español poco después de que se diera la Revolución rusa. Fernando de los Ríos le dijo al líder bolchevique, tras una estancia en Rusia de algunas semanas, que había observado mucho control gubernamental y ausencia de libertad entre la población. Lenin respondió: *¿Libertad para qué?*

De esto nos habla Demolins en su libro *En qué consiste la superioridad de los anglosajones* (edición española de 1899, con un extenso prólogo del político español Santiago Alba y Bonifaz (periodista y político, que se caracterizó por su anglo y germanofilia, además de por su negrolegendarismo). Las tesis que impregnan el texto nos dicen que el pueblo anglosajón inunda el mundo, mejorándolo. Nos dice que, ese pueblo, es el que subvirtió los fundamentos del estado social anterior, por mor de la acción de la iniciativa privada. En su libro nos hace partícipes del modo de entender el liberalismo más actual, el que quiere que el Estado deje de intervenir en la economía. Para Demolins, los nuevos hombres, los formados en el contexto del dominio anglosajón, son muy diferentes de los que se habían formado en el contexto político previo. El ejemplo que pone es el contraste que se da entre los Estados Unidos de Norteamérica y el resto de América, a la que denomina la América hispana. Llega a afirmar, de un modo cercano al exabrupto, que «entre los anglosajones, los niños no tiemblan ante esa lucha por la vida expresada por Carlos Darwin» (página 89). Los ingleses definen este modo de educar a sus hijos con dos sintagmas, que expresan ese individualismo: «Ayúdate a ti mismo» (*Self help*) y «La lucha por la vida» (*Struggle For Life*) (p. 149).

Demolins expresa con contundencia el argumentario individualista, cuando afirma que uno de los valores más destacados de los anglosajones es que la educación de sus hijos vaya dirigida a que los educandos se enfrenten cuanto antes por sí mismos a las dificultades, o que la educación que reciben en casa lo que busca es que vean el futuro que les corresponde como un combate que no pueden perder. Como estamos observando, el ideario darwinista social está claramente impregnando el discurso que estamos leyendo, que bebe tanto de la naturaleza humana destruida por el pecado original según el protestantismo como del *Homo homini lupus* expresado por Thomas Hobbes.

Afirma que los anglosajones no ven como una carga tener muchos hijos, incidiendo en que es algo que no sucede en ningún otro lugar. Lo dice comparándolo con países como Francia o Alemania donde según leemos se da una suerte de *estado social* que solo anima a tener pocos hijos, pues, con menos, las comodidades aumentan para los padres. Para Demolins, tener muchos hijos también ha sido habitual en el mundo católico, así como en el musulmán, o en el asiático. El contraste de este modo de ver lo positivo de tener muchos hijos es con lo que defiende la política alemana, deudora del ideario francés revolucionario. Por otra parte, en la Alemania de Otto von Bismarck se inauguró lo que hoy entendemos por «Estado del bienestar», un modo de entender la política opuesto al del liberalismo anglosajón. También contrasta este liberalismo con las ideas socialistas que ya estaban presentes en esos años últimos del siglo XIX, aunque no habían conseguido todavía transformación alguna. Para ello habría que esperar a la segunda década del siglo XX. Leemos además, para marcar todavía más diferencias entre el nuevo mundo liberal anglosajón y el resto de países, que su individualismo es reluctante a la producción de nuevas aristocracias hereditarias cuando ha colonizado otros territorios. El ejemplo era palpable, pues estas no habían prosperado ni en Estados Unidos ni en Australia, pero tampoco en Nueva Zelanda ni en ningún de los demás.

Este modo individualista ya se daba antes de la Reforma protestante, lo que ocurrió es que, al acontecer esta, derivó en su afianzamiento. Demolins expresa en su discurso una cercanía entre cristianismo y comunismo.

Lo hace al introducir una suerte de ideario comunista en la Inglaterra de la conquista normanda. Como todos sabemos los normandos de la época eran cristianos y la conquista que llevaron a cabo los normandos no fue como la que consumaron los anglosajones en Britania, que fue de exterminio. Lo que si consiguieron los normandos fue desplazar a los nobles anglosajones de sus territorios de control, sus feudos y la Iglesia. Colocando a sus propios nobles en todas las instituciones de poder. El respeto por la vida de «los otros», algo que no era característica de los ahora desplazados, es lo que permitió que el modo de entender el mundo y al hombre de los anglosajones se mantuviera, y con el tiempo lograra la expansión que logró. Dice Demolins que la influencia normanda desfiguró de un modo marcado, con el paso de los siglos, ese individualismo anglosajón en Inglaterra, pero que no acabó con él. Como vemos su discurso incide en que las ideas «liberales» e «individualistas» son las que consiguieron las transformaciones que los anglosajones han llevado a cabo en todo el mundo. Pero eso no es así, las transformaciones solo pueden derivar de lo que hacen los hombres, pues lo que piensan también deriva de ello, de lo que hacen. Y lo que han hecho y hacen los anglosajones en el último milenio y medio es de lo que aquí estamos hablando.

Demolins hace mucho hincapié en este individualismo inveterado que puede «mover montañas». Asegura que, esa idea fue la que consiguió imponerse en su sociedad, la que habían conquistado los vikingos cristianizados, los normandos. De tal modo que lo que sucedió, sigue diciendo Demolins, es que esa idea–fuerza se impuso a la moral de los conquistadores, consiguiendo, por ejemplo, que los denominados «segundones de la nobleza» dejaran de depender de la riqueza de sus progenitores, incluso a no disfrutar del ocio de la corte y de las prerrogativas que pudiera conseguir al pasar a formar parte del ejército, si es que no eran adecuados para tal tarea. Esos segundones, en su mayoría, se tuvieron que dedicar al trabajo, impelidos por el *self help*. Y, todavía más, por el adiestramiento que ellos mismos conseguían. En algunos casos, incluso accedían al contexto social en el que se movían los primogénitos, llegando en algunos casos a desplazarlos, ocupando su posición. Esta circunstancia, señala Demolins, vivificó periódicamente la institución de la nobleza, consiguiendo que esta no se devaluara (p. 152).

El discurso de Demolins está sesgado por un modo de entender lo que sucedió poco adecuado. Su modo idealista de ver es el que le lleva a afirmar que la nociva nobleza hereditaria fue un producto importado de los normandos, sin atender a cómo se habían organizado previamente los anglosajones en la Britania conquistada. Para Demolins, una clase hereditaria suponía esa novedad (*sic*) que llevaba asociado un modo de ver «comunista», contrapuesto al individualismo anglosajón: la idea de comunismo que defiende, tan particular, incide en que el hombre vale menos por sí mismo, que vale más gracias a su familia, su grupo o al plan al que pertenece (p. 153). Su modo de entender el comunismo, así como el socialismo, tan *sui generis*, tal y como vamos a comprobar en seguida, es la que dirige su discurso destructivo de cualesquier otras sociedades que no sean la anglosajona, que se expandió por anchos territorios del Globo. Previamente a esta expansión era pertinente, sigue señalando Demolins, que Inglaterra se desprendiera de ese comunismo introducido por los cristianos vikingos conquistadores. Los ingleses, con el paso del tiempo, consiguieron restituir en todo el territorio lo que les caracterizaba y movía, el individualismo. Con todo, sigue Demolins con su argumentario desquiciado, en los territorios conquistados originariamente, que son los que conforman el Reino Unido, se observan importantes contrastes: por un lado, los celtas del norte, de otro, los aislacionistas escoceses, y, por último, los celtas de Irlanda. Unos y otros –comunistas todos– observan grandes diferencias con los anglosajones de Inglaterra. Por otra parte, en los territorios conquistados en la Época Moderna, por mor de su imperialismo efectivo, Demolins va a destacar el de Norteamérica. De modo que asegura que en el lugar donde la raza anglosajona consiguió elevar el individualismo a las cotas más altas de organización social, fue en los Estados Unidos. Los estadounidenses, al apoyarse en la iniciativa individualista, lo que consiguieron, llevándolo a gala, es anular la rémora que supone la existencia de una clase superior hereditaria (p. 157).

Y expresando un discurso de tono más general, leemos que los pueblos que han destacado por encima de otros pueblos han sido los menos comunistas. Por eso, en la actualidad, las sociedades comunistas son las más atrasadas, las menos poderosas, y las que se encuentran a una distancia enorme de las sociedades que han desarrollado la propiedad individual, llevando la acción del Estado a la mínima expresión (p. 237). El liberalismo anglosajón expresa el mayor grado de oposición que pueda pensarse respecto de ese comunismo del continente europeo, pero también a los diferentes modos de socialismo. Unos socialismos que circunscribe concretamente a la Alemania de la época. Nos habla de que allí se dan diversos socialismos: el revolucionario, el conservador, el evangélico, el católico, el de cátedra. Todos ellos presentes sobre todo en sus Universidades (p. 216). Y el máximo representante del socialismo conservador fue su propio introductor Bismark. Hoy se denomina, a lo que Demolins llama «socialismo conservador de Alemania», el Estado de bienestar. Se da también un «socialismo no conservador», que es promovido por Carlos Marx. Pero ni uno u otro de estos socialismos podrán nunca cuajar en los territorios ocupados por la raza anglosajona. Citando concretamente estos tres: Noruega, Inglaterra o los Estados Unidos (p. 229). Y para afianzar su discurso, sobre todo oponiéndose a la propuesta marxista, señala que los obreros anglosajones ingleses y americanos logran lo que no logra ningún otro obrero del mundo. Si se atiende a la historia de sus sindicatos –incide en los sindicatos estadounidenses– se comprueba la diferencia que marca la educación particularista a la hora de organizarse en tales instituciones. Algo que pone ante cualquiera la superioridad de los mismos respecto de cualquier otro trabajador no anglosajón.

Demolins va cerrando su argumentario del modo que vamos a poder observar, en esta suerte de «Fenomenología del Espíritu anglosajón» que nos regala, como se consolidan como raza superior por mor de su ideario particularista y liberal: «A medida que se avanza desde el pasado hacia el presente, o de Oriente hacia Occidente, la personalidad del individuo se emancipa más y más, del mismo modo que la acción privada domina más y más sobre la acción pública, el particular sobre el Estado. Se pasa del trabajo en esclavitud al trabajo libre; del trabajo en comunidad, al trabajo individual; de la propiedad colectiva a la propiedad personal; de la familia patriarcal al simple matrimonio; de la tribu, de la casta, del *clan*, de las corporaciones cerradas, a la independencia civil y a la igualdad política; de las monarquías o de las repúblicas autoritarias y absolutas a las monarquías o a las repúblicas liberales y parlamentarias. En una palabra: el progreso sigue exactamente la evolución social en el sentido del predominio del individuo sobre el grupo, del particular sobre el Estado. Y hoy no hay más remedio que reconocer que entre las razas de Occidente, la de los anglosajones es la más adelantada, la más emprendedora, la más rica, la más expansiva, la que excede a las demás en esta evolución. Es ello tan claro y tan conocido y está tan demostrado, al parecer de Demolins, que no vale la pena insistir (p. 278–279).

Pero lo señalado no es el colofón de su argumentario. También critica la idea de solidaridad que por otra parte había surgido en su Francia natal, a principios del siglo XIX, de la pluma de Pierre Leroux. Aquel señala que hay, en esta idea, más ilusión que realidad. Por otra parte, se muestra partidario de la doctrina social del egoísmo, inspirado por Adam Smith y

Bernard Mandeville, pues asegura que el mejoramiento social solo depende de las acciones individuales. Los hombres deben de percatarse de que solo cuentan consigo mismos (p. 285). Y así, en Inglaterra y en Estados Unidos los jóvenes, tras su formación, llegan a la conclusión de que son superiores a cualquier hombre que no haya tenido la formación que ellos han recibido, que ellos son los únicos formados para la lucha por la vida: «Esta formidable raza anglosajona nos ha ya despojado de la mayor parte de las posiciones que ocupamos en el mundo" (p. 312) Como estamos comprobando, aunque Demolins se auto incluya entre los que no «son» anglosajones, queremos entender tras la lectura de su libro que debe de *sentirse* anglosajón. Desde nuestro humilde entender lo que podemos decir es que eso de «sentirse» uno diferente de lo que es, simplemente es algo absurdo. Por muy anglosajón que uno se sienta, si ha nacido en Marsella, en Toledo o en Nápoles, de anglosajón tiene lo que tiene un analfabeto de escritor de ensayos... como el que él escribió y que nosotros tuvimos que leer –tal y como decimos en España– «haciendo de tripas corazón».

IV.   El Racismo WASP tira *balones fuera*, y los infames *tragasables* son su comparsa

La derrota de Custer no fue una masacre. Los indios eran perseguidos para ser asesinados. Por siglos habían sido desplazados desde el Atlántico hasta el Pacífico. Protegían a sus esposas e hijos y peleaban por su existencia (Buffalo Bill's Life Story. An Autobiography)

Queremos terminar atendiendo a la contribución cinematográfica en la autojustificación del racismo ejercido por los blancos–anglosajones–protestantes, por los WASP. Racismo ejercido contra los indígenas, que eran los que tenían ocupado un territorio que iban a perder por la fuerza de las armas (pérdidas de territorio sucedidas por tantas organizaciones sociales en tantos lugares del Globo desde que tenemos memoria; nos referimos a la única memoria que aquí puede considerarse, la escrita). O el racismo ejercido contra los que habían llegado como esclavos, a partir del siglo XVII. El dato que podemos apuntar aquí, mediante el cual señalamos cuándo comenzó la llegada de esclavos negros a lo que luego conoceríamos como los Estados Unidos de Norteamérica es este: en el mes de agosto de 1619, el buque inglés *White Lion*, desembarcó en *Point Comfort* (en la colonia británica de Virginia) veinte africanos que habían sido hechos prisioneros en tierras de la actual Angola. Los ingleses no fueron los que habían recalado en África sino los portugueses. Los ingleses eran piratas que tomaron esos veinte africanos como parte del botín conseguido al atacar con éxito a los esclavistas portugueses.

Podríamos seguir enumerando diferentes grupos humanos contra los que se ejerció el racismo WASP, pero solo vamos a expresar uno más: el racismo que ejercen contra los hispanos. Este racismo es también objeto de muchas producciones cinematográficas, pero, eso sí, introduciendo en los argumentos la autojustificación de los racistas. Expresada de modo flagrante unas veces, y muy sutil otras. En los años en que España era el Imperio que se sobreponía a cualquier otro interés político, el racismo se ejercía mediante la promoción de las mentiras que conocemos hoy como *Leyenda negra*, mentiras que siguen hoy día, cobrando un protagonismo que aquí vamos a recalar. Ese primer racismo se llevó a cabo por los anglosajones de Inglaterra. El racismo contra los hispanos en la actualidad es el que ejercen los anglosajones de Estados Unidos dentro de sus fronteras, aunque estos hispanos sean tan estadounidenses como ellos.

Vamos a denunciar este racismo actualizado apoyándonos, como hemos señalado, en el cine y televisión de factura anglosajona, para con ello sacar a la luz las falsedades que, en muchas de sus producciones, se cuentan. De ese modo se pretenden borrar de la historia lo que los anglosajones hicieron en el pasado y siguen haciendo, de un modo u otro, en la actualidad. Utilizamos la metáfora de «echar balones fuera» del epígrafe porque el modo de excusarse es el de echarle la culpa a terceros. Y, ¿cuáles son esos terceros? Pues los de siempre: los españoles que ya han sido definidos torticeramente mediante las mentiras expresadas en la *Leyenda Negra* hoy vigente, tras cientos de años.

A los anglosajones les resulta algo más difícil «echar balones fuera» cuando atendemos a los lugares donde recalaron ellos por primera vez, y que ya hemos mencionado, desde la antigua Britania hasta Tasmania o la India, por señalar algunos. En todos ellos dejaron una huella que los define sin paliativos. Por otra parte, los anglosajones colonialistas decimonónicos hubieron de repartirse lo que iban a colonizar con otros imperialismos, que querían aprovechar las riquezas de esos «nuevos bárbaros» mientras atendían a los estertores del Imperio español. Todos ellos tenían un ideario supremacista del mismo calado que lo tenía el inglés. Nos referimos a las colonizaciones de holandeses, por ejemplo en Sudáfrica o en Indonesia: la colonización de los franceses, que quiso abarcar mucho más de lo que podía, tanto en el Nuevo Mundo como en África; la llevada a cabo por los belgas en el antiguo Congo. Por poner algunos ejemplos.

Debemos comenzar aquí señalando lo que ya sabemos, que en América los principales protagonistas civilizatorios fueron los españoles. Ya hemos tratado la cuestión en páginas anteriores. En lo que queremos incidir es ese traspaso de culpa que los anglosajones están promocionando, al señalar mentiras de gran calado, como las siguientes: que los españoles fueron los que «comenzaron» el exterminio de los indios americanos, señalando concretamente a las figuras representadas mediante monumentos erigidos en el pasado, como son los de Cristóbal Colón, o los de Fray Junípero Serra. El exterminio continuó, de ahí que los actuales descendientes de los indígenas estén tan mermados, dado que fueron masacrados en todo el territorio de los actuales Estados Unidos. Y los pocos que quedaron, fueron enviados a lo que todavía hoy se denominan «reservas». Pero ni lo uno ni lo otro lo hicieron los españoles. Los indígenas que quedan, a día de hoy, se están creyendo las mentiras que ven en el cine y en las series de televisión –además de otros foros divulgadores de falsedades, entre los que incluimos algunas cátedras universitarias– de tal manera que son los que tumban y destruyen las estatuas de Colón, en los lugares donde fueron erigidas.

Y aquí es cuando atendemos a la segunda cuestión que apuntamos en el título de nuestro epígrafe, la cuestión de los «tragasables». Desde siempre, en España, ha dado la tendencia a no contrarrestar las mentiras que los enemigos de su acción política –muy relevante en la historia universal durante casi tres siglos, pero ínfima en los dos últimos– han ido expresando negro sobre blanco desde hace más de quinientos años. Señalamos ese número de años por que han sido los más rabiosos contra España, y que coinciden con los años en que comienza la Reforma protestante. La *Leyenda negra* se focaliza contra España, el enemigo a derrotar, pero también contra la ideología del Imperio, que no es otra que la que dependía del ideario católico reluctante al individualismo y al racionalismo que los cristianos protestantes abrazaron de un modo u otro. Un ideario que fueron exportando a todos los lugares a los que su Imperio llegó. Los que no han contrastado esas mentiras fueron multiplicándose en número con el paso de los años. Podemos afirmar que desde mediados del siglo XX estos españoles que asumieron las mentiras –estos «tragasables»– aumentaron exponencialmente (y aquí incluimos a todos los que hablan español en el mundo, que son cientos de millones, pues muchos de ellos, como esos muchos españoles peninsulares, asumen las mentiras de la Leyenda negra). Solo desde los últimos años de ese mismo siglo, tras la publicación del libro de Gustavo Bueno *España frente a Europa*, tuvo lugar el surgimiento de un movimiento opuesto que ha comenzado a traer luz, tanto frente a las mentiras expresadas por los que ahora quieren justificarse históricamente, y que aquí estamos denunciando, como frente a las mentiras asumidas por los «tragasables».

Uno de los más reputados periodistas españoles que asumen y airean mentiras y medias–verdades, que son más perniciosas que las propias mentiras sobre la historia de España, es el redactor jefe de Cultura del diario español El País, Guillermo Altares, que con fecha 10 de abril de 2023, firma un artículo, en ese mismo diario, sobre el papel de los católicos en Estados Unidos[21]. Tiene

---

[21] https://elpais.com/television/2023-04-10/matanzas-mentiras-y-traiciones-varias-series-muestran-el-aciago-destino-de-los-indios-en-estados-unidos.html

en cuenta, para ello, algunas series de televisión y películas, algunas de ellas realizadas a partir de ficciones literarias. Esta producción cinematográfica, nos dice, son consecuencia «del levantamiento global contra la violencia policial y su denuncia de que el racismo infecta todos los ámbitos de la vida estadounidense». Y añade que «ese movimiento se nutrió de un importante apoyo por parte de los nativos americanos, que promovieron la retirada de monumentos a los colonizadores europeos y exigieron la devolución de tierras». Altares no cae en la cuenta de que los ancestros de esos nativos americanos no fueron masacrados por españoles, ni por católicos. No cae en la cuenta –o quizá sí pero no quiere o no le interesa escribirlo– de que la retirada es de monumentos de españoles católicos («retirada» es un eufemismo, pues lo que sucede es que se derriban, vandalizan y –podríamos decir haciendo un símil religioso– «profanan»). No se retiran monumentos de auténticos supremacistas, como Leland Stanford, del que ya hemos mencionado sus «bondades» para con los que consideraba inferiores. Supremacistas con monumentos erigidos son estos que pasamos a mencionar: Harry Truman, destacado miembro del *Ku Klux Klan* y presidente de los Estados Unidos, los generales George A. Custer y William T. Sherman, o el senador Henry Dawes. Pero estos son solo unos pocos ejemplos de personalidades eminentes, todas ellas artífices de la situación que tienen los indígenas americanos en la actualidad.

De entre toda la producción cinematográfica que está proliferando en estos últimos años, vamos aquí a destacar la serie televisiva *Yellowstone*[22], que tiene además dos exitosas precuelas, que llevan por título dos fechas diferentes: *1883* y *1923*. En *Yellowstone* y sus precuelas se narra la historia de la familia Datton, que se asienta en el que iba a ser el Estado de Montana (fundado en 1889). Podemos observar en el entramado de los distintos episodios de la serie y sus precuelas, una serie de ideas recurrentes adecuadas a la ideología que el modo de entender el mundo de los hombres anglosajones y de otros lugares del norte de Europa, que se subordinaron al orden impuesto por los primeros. Los anglosajones exportaron esta ideología, incluso más depurada, como hemos comprobado ya, al norte del continente americano. Lo que sucedió en los dos últimos siglos es que ese modo de entender cómo es el mundo y el hombre lo han ido ampliando poco a poco a todo el continente, y a otros lugares del mundo. Sin embargo, en lugares más alejados, la transformación les está resultando muy difícil. Podemos poner muchos ejemplos: después de la colonización de grandes territorios, como los de China e India. Y tras el proceso de descolonización, el control territorial se centró en lugares como Vietnam, Corea, Afganistán, Iraq, Niger, Libia o Somalia. En todos estos lugares, fueran de Asia o de África, sus pobladores se mostraron y se muestran reacios al modo de ver

---

[22] *Yellowstone* es una serie televisiva sobre ganaderos del Estado de Montana. Comenzó a poder verse en 2018 y su creador es Taylor Sheridan. Uno de sus protagonistas, el más famoso, dada su trayectoria cinematográfica, es Kevin Costner.

individualista, mercantilista y utilitarista de la ideología anglosajona.

Por otra parte, los que cada vez están más aculturizados son los pueblos y naciones occidentales con una cultura similar en ciertos aspectos: la cristiana católica. Y es que estas naciones católicas –España, Italia, Irlanda, etc.– han ido adecuando su doctrina al protestantismo de los colonizadores (aunque el modo de expresarse esta «colonización» sea muy diferente en la actualidad, la idea de cultura lo que hace es suavizarlo). En la América no anglosajona –en Hispanoamérica– esto está sucediendo a marchas forzadas. De ser poblaciones católicas en su mayoría, en los años ochenta del siglo XX, se ha pasado –a día de hoy– a un equilibrio entre protestantes y católicos. Decantándose a un mayor número de los primeros según van pasando los años. Lo que queremos decir sin tapujos, pero también sin arrebatos, es que el modo de entender el mundo del último imperialismo occidental –el de los anglosajones estadounidenses– lleva aparejada la anulación paulatina pero sistemática del modo de ver derrotado, el hispano católico. Pero veamos qué es lo que nos cuenta, de modo torticero, la serie *Yellowstone* y sus precuelas.

El máximo responsable de su puesta en escena es, como hemos señalado Taylor Sheridan, el cual ejerce además de realizador, de guionista. Incluso tiene un papel en la serie original. En esta producción atendemos, como mandan los cánones del marketing actual, al ideario de género capítulo a capítulo, también a una importante atención a ciertas supersticiones religiosas, encumbradas por el hecho de ser «expresiones culturales». Pero lo que nosotros queremos denunciar con más vehemencia es a lo que tiene de «mentira interesada», para con ello devaluar el verdadero cariz del racismo WASP.

En *Yellowstone*, una de sus protagonistas es una india que vive en una de las reservas lindantes con el parque Yellowstone. Estas tribus, todas estas oriundas de los lugares que ocupa hoy día el Estado de Montana en el que se desarrolla la serie, eran cinco distintas: los *Crow*, los *Blackfeet*, los *Shoshone*, los *Bannocks* y los *Nez Parce*. La india protagonista pertenece a la reserva de los indios *Blackfeet* (*Pies negros*). Pues bien, esta mujer pies negros entra a formar parte de la familia Datton. Algo que ya chirría, por el hecho de que, ni en los tiempos de la conquista del Oeste ni en la actualidad, los anglosajones han tenido ese comportamiento como habitual, es decir, el del matrimonio interracial. Sin embargo, el guionista y realizador de la serie nos engaña de ese modo: nos muestra falazmente lo que no es habitual entre los más reacios al mestizaje desde que se tienen datos históricos. Que no es otra cosa que el hecho de que un miembro de la clase de los anglosajones–blancos–protestantes vea con los mismos ojos a una india que a un individuo de su raza, y lo mismo el resto de su familia y todos los allegados y demás miembros del elenco[23].

---

[23] A finales del año en curso, el de 2023, se ha estrenado la película de Martin Scorsese *Los asesinos de la luna*. En ella se narra una historia que saca a la luz una perspectiva diferente de este supremacismo anglosajón,

Nos preguntamos si Sheridan escribe en su guion la semblanza de este personaje, basándose en uno real: el de la india Liza Black, de la «nación *Cherokee*», y que, según nos cuenta Altares –en el artículo mencionado previamente– es profesora de Historia y Estudios Nativoamericanos en la Universidad de Indiana. Como ella, la coprotagonista de *Yellowstone* es profesora universitaria, de una cátedra de contenidos muy similares. La profesora Black afirma que «Las series de televisión estadounidenses que estamos viendo en los últimos años son infinitamente más conscientes de los problemas sociales de los nativos americanos que en el pasado». Lo que no dice Altares, al atender a esta india *cherokee* de la vida real, es que tenga las mismas opiniones que la india pies negros ficticia de Sheridan. Lo que consigue este último es que la mentira encubra lo realmente sucedido, que los anglosajones fueron los que arrasaron con las vidas de los indígenas y les arrebataron sus tierras.

En la serie, podemos atender a una de las clases que da la profesora ficticia. Como no podía ser de otro modo, aunque esta vez teniendo que adecuarse a unas leyes recién estrenadas que miraban incluso por los derechos de estos indios americanos. A principios del siglo XX se había encontrado petróleo en el territorio de sus reservas, situadas en Oklahoma, y los indios se habían hecho muy ricos. El modo en que los WASP se hicieron con esas riquezas, arrebatándoles no solo ellas sino también sus vidas –como había sido habitual unas décadas antes– hubo de sufrir una adaptación tendente a conseguir la invisibilidad en sus crímenes.

teniendo en cuenta la manipulación histórica que estamos denunciando, el contenido de la clase es un cúmulo de falsedades negrolegendarias, entre las que destacamos la acusación a Colón de ser el primer responsable del genocidio infringido a los indios de Norteamérica. Así pues, el discurso que la profesora indígena desarrolla con los alumnos es impecable, pero falso, pues se da ese trastoque interesado respecto del papel de españoles y anglosajones en esta serie realizada para su difusión televisiva. Por último, queremos incidir en que lo que ocurre con esta profesora *cherokee* real, y con la de ficción, no es muy habitual, pues los indios que viven en las reservas tienen muy pocas posibilidades de promocionarse social e intelectualmente.

La visión crítica de la Historia de los Estados Unidos que se deja ver en esta serie, nos dice Altares, ha suscitado importantes reacciones. De entre ellas, destaca la del gobernador de Florida, Ron DeSantis. Lo que no dice Altares es que pese a la crítica que pueda contener lo que propone Sheridan en su serie, también hay una manipulación explícita, al cargar las tintas en mentiras y medias verdades (medias verdades que se transforman en dobles mentiras), como son las que estamos denunciando. Altares, en su artículo cita a Christian Blauvelt, un crítico de cine que ha opinado sobre la serie que estamos comentando. Este crítico afirma de Sheridan que «traza una línea directa desde los horrores de la colonización en el pasado hasta las injusticias a las que se enfrentan los nativos americanos en la actualidad y muestra como la herencia del genocidio sigue estructurando sus reivindicaciones actuales». Lo que no dice es que ese genocidio, si se acusa de ello a los españoles que llegaron a América en 1492, es una mentira sin paliativos. La manipulación de la que somos testigos le hace poca justicia a lo que decía Peter Cozzens en su ensayo *La tierra llora*. Altares al citar a Blauvelt lo que hace es comulgar con él, y con Sheridan, además de con todos los que están manipulando la historia para aminorar en lo que puedan la culpabilidad WASP. ¿Y quién es el chivo expiatorio? El de siempre: el español católico.

En la precuela *1883* lo que se nos presenta es una lectura histórica falsa. Vemos como los colonos que están llegando a las tierras de los indios se asocian con ellos para defenderse de terceros. Algo que podría haber ocurrido en alguna ocasión puntual, pero que no era en absoluto algo habitual. Lo que sucedió fue una «política de conquista», en la que los colonizadores, que se veían como una raza superior, acababan con la vida de los indios, al considerarlos como salvajes, como inferiores. En sus episodios somos testigos del mestizaje entre colonos anglosajones e indios. La familia protagonista así como el encargado de dirigir la caravana son anglosajones, con un carácter muy diferente al de los colonos que dirigen, pese a que estos últimos sean nórdicos (también germanos). De modo que se nos muestra la relevante personalidad y moral anglosajona, justificando el por qué iban a ser ellos los que debían ordenar los nuevos territorios. Sheridan nos presenta a la hija de la familia Datton como pareja de un indio. Una relación que es bendecida por sus padres. Que este tipo de relaciones interraciales, y más en ese momento en el que los que llegan están arrebatando el territorio a los que ya estaban en él, no deja de llamar la atención a quien conoce la historia de la conquista del Oeste. No queremos decir que esto no fuera posible, pero sí debemos denunciar que lo habitual era que el mestizaje se prohibiera institucionalmente: en el seno de las familias, o de los grupos sociales que se iban asentando. Y después, por las leyes segregacionistas, que llevaron a los indios a las reservas. La separación entre indios y colonos fue muy drástica, y solo con el paso de los años podemos atestiguar cierta adecuación de los primeros al modo de vivir de los segundos, aunque, eso sí, con una mínima posibilidad de mestizaje. Por otra parte, debemos tener en cuenta además un dato de gran relevancia: los nativos americanos no tuvieron derecho a voto hasta 1924.

En la segunda precuela, *1923*, somos testigos de tergiversaciones históricas tan flagrantes como las de la anterior. Contadas con muy mala fe, además. La familia Datton se había instalado en Montana y allí organizan su modo de vida: un rancho. La confrontación que se expresa en esta precuela es la que se dio entre vaqueros y ovejeros. Los indios ya están controlados en reservas y, según podemos ver, se ha organizado un sistema de educación civilizadora para ellos, que es una mera ficción cinematográfica. Sheridan nos presenta a una congregación católica, con una serie de sacerdotes y monjas, como los responsables de tal educación. Pero la descripción que hace de unos y otras, y de su modo de tratar y «educar» al colectivo indio (en este caso de mujeres indias) es todo lo más opuesto a lo que podría esperarse: los sacerdotes son descritos como unos auténticos degenerados, torturadores y criminales, y las monjas igual, aunque con unos matices de depravación – pues la violación de las niñas indias está más que sugerida– que solo puede convencer de que eso pudo darse de ese modo, a quien no conozca nada de la verdadera acción de una Institución como la Iglesia católica. Sheridan, aprovecha, para cargar las tintas en la propaganda anticatólica en los EEUU. Una propaganda muy en boga en las últimas décadas.

La obra del catolicismo en los Estados Unidos nacientes, y concretamente en ese territorio de Montana fue muy diferente al descrito por Sheridan. En el periodo que va desde una precuela y otra podemos destacar sucesos que quieren que olviden. En 1876, en un famoso lugar de lo que luego iba a ser Montana, había sucedido la famosa batalla de Little Bighorn. En ella, el indio Toro Sentado acabó con el 7º de caballería, comandado por el famoso general Custer. Lo que sucedió años después es que Toro sentado se convirtió al catolicismo (en la foto de más abajo podemos verlo portando un crucifijo alrededor del cuello, al modo de los obispos católicos).

El artífice de la conversión fue un jesuita, el padre De Smet, que alcanzó un gran prestigio entre los indios sioux, tanto que la conversión de su jefe, Toro Sentado, no fue la única. Por otra parte, en esas fechas, el hombre más célebre en todo el mundo, según muchas opiniones, era William F. Cody, más conocido por Búfalo Bill. Y lo que no se sabe de él es que uno de los legados más relevantes que dejó fue la defensa a ultranza que hizo de los derechos de los indios (en la imagen podemos ver a Toro Sentado con Búfalo Bill).

Pues bien, Búfalo Bill también se convirtió al catolicismo, en los últimos años de su vida. Su fallecimiento fue en 1917. Estos sucesos históricos contrastan diametralmente con los ficticios que emanan de la pluma y de la realización cinematográfica que nos regala torticeramente Sheridan.

Para concluir este último capítulo, vamos a tener en cuenta otros filmes en una línea claramente anticatólica y antihispana. Los que hacen referencia al racismo que sufre otro colectivo en Estados Unidos, el de los hispanos. Respecto de este problema podríamos referirnos a una ingente producción, que lo que quiere conseguir es mostrar una realidad que no se da, una armonía o unas bondades ficticias, o que si se dan son poco efectivas, pues el grueso de las relaciones son de carácter racista. De modo que la solidaridad demandada es una pura filfa, y las acciones de unos pocos se diluyen en la marea de la indiferencia ante la injusticia y el modo de ver supremacista WASP. Hay una gran cantidad de películas que tratan el paso de la frontera: Traffic, de Steven Soderbergh (2000); Crash, de Paul Haggis (2004); Crossing Over, de Wayne Kramer (2009); Terminator: Dark Fate, de Tim Miller (2019). La lista podría ampliarse tanto que no merece la pena seguir. Lo que queremos destacar al citarlas es que aunque se presenten desde una perspectiva más edulcorada, lo que dejan ver es la diferencia que se da entre el colectivo dirigente norteamericano WASP y los hispanos que llegan a vivir a Estados Unidos. Pero desde luego que no se hacen eco de lo que realmente sucede, que es lo que ahora pasamos a denunciar.

El racismo de los blancos–anglosajones–protestantes que parece el más enconado en la actualidad es el que se está dando con los hispanos. Quizá por ser el colectivo que crece de una manera más marcada en todo Estados Unidos de Norteamérica, de modo que el colectivo WASP, que ostenta el poder económico y político, se ve amenazado. Aunque la mayoría de hispanoamericanos que cruzan las fronteras del norte son oriundos de México, hay una gran cantidad de hispanohablantes, provenientes de todos los países que componen la

Hispanidad (Chile, Guatemala, Perú, República Dominicana, Venezuela, etc.). Un tema que merecería otro ensayo debido a la profundidad de algunas de sus causas.

Pues bien, el trato que los que llegan del sur deben esperar no es un trato de igualdad, pues una vez conseguido dar el salto fronterizo, serán tratados como hombres, pero de una categoría inferior. Este modo de ver a los hispanos por parte de los WASP tiene una trayectoria que vamos a señalar. En este caso solo tenemos que atender a lo que dice la enciclopedia más popular de la actualidad, la Wikipedia. En sus páginas interactivas podemos leer que tras la guerra dirimida –mediado el siglo XIX y a lo largo de dos años– entre los Estados Unidos y México, los primeros, que fueron los vencedores, anexaron una gran parte del territorio que antes era de México, los actuales Estados de California, Nuevo México, Arizona, Nevada, Utah, Colorado y el sureste de Wyoming. Pues bien, los mexicanos –los que siguieron residiendo en los territorios anexados– no fueron tratados bajo el principio de igualdad ante la ley como los ciudadanos de otros Estados de la Unión. Se dieron cientos de linchamientos, lo mismo que sucedía con la población negra. El número de unos linchamientos y otros es bastante cercano en porcentaje

Los descendientes de mexicanos que nacieron en las décadas posteriores a las de las matanzas por linchamiento, y que eran estadounidenses, pues habían nacido en los territorios anexionados, lo tuvieron tan mal como lo habían tenidos sus progenitores. Incidentes de violencia racial acabaron con la vida de muchos de ellos, en la enciclopedia citada se menciona lo acaecido en la ciudad de Los Ángeles en 1943. Primero fueron jóvenes blancos los que acabaron con la vida de los hispanos, después lo harían grupos de policías locales y de militares.

Los «mexicoamericanos» no podían acceder a las viviendas de los barrios donde vivían los blancos, y sus hijos no podían escolarizarse con los hijos de los blancos, en una maquinaria segregacionista del mismo calado que la que se daba con los negros en el Sur de los Estados Unidos. Tampoco podían ser, como sucedía con los negros, miembros de los jurados en los juicios. Solo en la década de los 60, como también sucedió con los afroamericanos, surgió lo que se denominó el «Movimiento de Derechos Civiles Chicanos». Los argumentos para justificar esta segregación fueron los mismos que se habían barajado desde finales del siglo XIX, los de mantener la pureza racial y los que defendían los eugenesistas. Era preciso salvaguardar la más elevada tradición WASP oriunda de lo mejor de Europa (la blanca, germánica y protestante) para garantizar así la condición de pueblo elegido por Dios.

Pues bien, con el paso de los años, el colectivo hispano ha crecido sobremanera en los Estados Unidos, y el modo en que hispanos y blancos–anglosajones–protestantes se relacionan es diferente al de los años sesenta del siglo pasado. Pero la pregunta que hay que hacerse es saber si los hispanos en los EEUU tienen o no un techo de cristal.

Se ha de tener en cuenta que, aunque los hispanos estén bajo el poder político y económico de los WASP, no puede obviarse que su gran número supone otros modos de poder de sentido inverso. Unos poderes que, en lugar de ir de arriba hacia abajo como es el poder de los WASP, van a la inversa. Y estos últimos saben esto último y lo tienen muy en cuenta. También están atentos a que los hispanos forman parte del ejército norteamericano y de su policía, y que la pertenencia a tales estamentos implica también poder. Un poder de sentido contrario al que tienen los blancos–anglosajones–protestantes. Y por último, los hispanos también están inmersos en la producción y en el sostenimiento del país, lo que también supone un poder que va de abajo hacia arriba como los señalados previamente. Los WASP conocen que los hispanos no van a dar constantemente un «cheque en blanco» a la corrupción que suponen los modos en que se elaboran las leyes, apuntalando así la segregación del colectivo hispano[24].

Nos preguntamos también si podrá algún día haber un Presidente mestizo, católico y que hable español, y por tanto lleve a la Casa Blanca una cosmovisión Hispana

---

[24] Aquí tenemos en cuenta la doctrina de Gustavo Bueno sobre las ramas del poder, expresado en tres capas (conjuntiva, cortical y basal), y en las tres hemos comprobado que los hispanos ostentan su parcela, que, aunque pequeña, no es despreciable respecto de la que, en sentido inverso tienen los WASP desde el nacimiento de su nación (Gustavo Bueno, *Panfleto contra la democracia*, La esfera de los libros, Madrid 2004).

que se preocupe por el bien común, por la comunidad de todos los que viven en Estados Unidos. Una cosmovisión hispana deudora del ideario que allí exportaron los españoles católicos, que es reluctante al individualismo, al utilitarismo, al sentimentalismo y a las ideas ilustradas que los protestantes asimilaron, además de al subjetivismo que implantó la filosofía alemana, y que desde hace demasiadas décadas todo lo penetra.

Capas del poder (eje semántico) Ramas del poder (eje sintáctico)	CONJUNTIVA	BASAL	CORTICAL	Sentido (vectorial) De la relación
Operativa	Poder ejecutivo	Poder gestor	Poder militar	↓ Descendente
	Obediencia / desobediencia civil	Contribución / sabotaje	Servicio / deserción	↑ Ascendente
Estructurativa	Poder legislativo	Poder planificador	Poder federativo	↓ Descendente
	Sufragio / abstención	Producción / huelga, desempleo	Comercio / contrabando	↑ Ascendente
Determinativa	Poder judicial	Poder redistributivo	Poder diplomático	↓ Descendente
	Cumplimiento / desacato	Tributación / fraude	Alianzas / inmigración privada	↑ Ascendente

Desde nuestra perspectiva no podemos ser optimistas. Las oposiciones político–religiosas, que suponen una verdadera dialéctica entre los poderes descendentes, los que ostentan los WASP, y los ascendentes, que son en los que situamos –atendiendo al cuadro– el colectivo hispano, no se resolverán con la aceptación por parte de estos últimos de las concesiones «paternalistas» de los WASP. La posible resolución del conflicto podrá darse por las imposiciones que puedan llevar a cabo los hispanos mediante su poder ascendente. Estas imposiciones podrán derivar de medidas de confrontación reivindicadoras de cuotas de poder descendente y en una mejora subsiguiente de las condiciones de vida, asimilándose a las del colectivo WASP. Aunque, lo que vaya a ocurrir, solo el tiempo lo dirá.

Conclusiones

La situación actual de Estados Unidos respecto del gran colectivo hispano que hay, y que crece cada vez más, se puede hacer insostenible. Las leyes deberían tener un enfoque distinto al actual, pues se dirigen a la neutralización de un modo cultural hispano muy diferente al de los blancos–anglosajones–protestantes, ya que no se reconoce la aportación de lo hispano a los Estados Unidos histórica, social y políticamente. Este podría ser el momento en el que estos WASP llevaran a cabo un punto de inflexión en su modo racista de entender la matriz cultural de su nación. Podría ser el momento en el que reconocieran la diferencia que supone una cultura tan rica, incluida en ella la legua española y la religión católica, protegiendo su existencia, y el importantísimo papel que ha desarrollado dentro de las fronteras estadounidenses.

Empero, no nos mostramos muy optimistas. Tampoco muy pesimistas, pues las medidas de confrontación no tienen por qué llegar a un conflicto armado. El optimismo que queremos trasmitir es el de que las oposiciones políticas y religiosas, que son las que suponen una suerte de «dialéctica de clases». Unas oposiciones que, en el seno del Estado norteamericano, no se resolverán aceptando el paternalismo de los WASP. La historia de la humanidad nos dice lo contrario. Nuestro punto de vista es el de que la confrontación terminará por la aceptación de imposiciones ascendentes (las relacionadas con los poderes ascendentes que hemos visto en el cuadro de la página 243). Solo de esa manera podrá darse una ecualización de la sociedad mestiza americana en Estados Unidos.

El elemento hispano deberá ser reconocido como tal en lo que supone ser ciudadano pleno de los Estados Unidos no por la impronta en su historia a través, por ejemplo, de la orografía (río Grande, río Colorado, y su Gran Cañón, o tantos otros accidentes geográficos); leyes (derecho de propiedad de los indios); toponimia (California, San Francisco, San Agustín, Santa Fe, etc.); arte (las Misiones y las primeras ciudades fundadas en los Estados Unidos); fauna (el caballo mustang o las vacas cuernilargas); tradiciones (el rodeo); costumbres (la cultura vaquera); y sobre todo la población (californianos, tejanos, etc.). El elemento hispano se reconocerá por el poder que está adquiriendo paulatinamente en esa sociedad que ahora se muestra racista respecto de su colectivo. De ese modo toda la América hispana, entre la que incluiremos entonces a los Estados Unidos estrechará su vínculo común, la Hispanidad. Quizá de ese modo este nuevo bloque americano podría ser la nueva gran potencia mundial. Y es que la amenaza de pérdida de protagonismo de los Estados Unidos es patente, ante el surgimiento de China e India, los dos estados continentales que buscan su lugar de preeminencia en el mundo.

La aceptación de lo hispano conseguirá de ese modo un pingüe beneficio. No solo por lo dicho, sino que paralelamente estaría dándose la superación de un pasado racista y supremacista que, pese a que no pueda olvidarse fácilmente, sería un logro inmenso. La superación de ese pasado solo podrá darse en ese contexto de confrontación de poderes en el seno del Estado. Con el reconocimiento de la matriz Hispana (lengua, raza, cultura y religión) en pie de igualdad con la matriz WASP estadounidense se solventaría lo que en este texto hemos denunciado de principio a fin.

Epílogo: El racismo en el cine de Hollywood

Miguel Ángel Navarro Crego

Tratar, aunque sea con brevedad, un tema tan amplio como el del racismo en el cine de Hollywood desde sus inicios exige un gran esfuerzo de síntesis.

En primer lugar hay que retrotraernos, para ser mínimamente rigurosos, a la historia y más aún a la intrahistoria de la formación de dicha nación a lo largo del siglo XIX. Nosotros mismos acabamos de hacerlo, al estudiar en nuestro libro *El violento Far West. Historia negra, leyenda rosa* (Editorial Edaf, Madrid 2023). Subrayamos en esta obra y siguiendo los pasos del historiador clásico F. J. Turner, tres ideas–fuerza que vertebran la génesis y el desarrollo que van conformando a la nación estadounidense como una nación política que nace con una clara vocación imperial. Estas nociones, que sobrevuelan y penetran en multitud de hechos y fenómenos históricos, de reliquias y relatos, son las siguientes: la idea de Frontera móvil, la Doctrina Monroe y la de Destino Manifiesto. A su vez estas ideas se coordinan de forma dialéctica por intercalación con las de pionero y colono.

Cuando se da por cerrada definitivamente la Frontera de los EE. UU., con el censo oficial de 1890, la clase política entiende que la nación ya está plenamente consolidada, aunque haya todavía territorios que no son estados, como Utah (que se convierte en estado en 1896), Oklahoma (1907), Nuevo México y Arizona (1912) y mucho más tarde Alaska y Hawái (1959). Pero California ya entra en la Unión como estado libre (no esclavista) y de pleno derecho desde 1850, tras ser arrebatada toda esta región a México, por perder esta nación (antigua porción del vasto imperio español como Virreinato de Nueva España), la guerra con los Estados Unidos (1846–1848) y firmar el Tratado de Guadalupe Hidalgo. Con este tratado se imponía una "paz de la victoria", que enseguida se mostró como la génesis de la supervivencia de México como una nación pobre y sometida, y lo que aún es peor, suponía también la puesta en práctica de unas políticas de exterminio y reducción a reservas de un montón de tribus indias que vivían en todo ese Suroeste ahora ya estadounidense. Como parte del botín el vergel más codiciado era California; tierra de promisión de sonoro y mítico nombre.

Pero ese exterminio y esa reducción a estériles reservas que condenaban a las tribus autóctonas a una muerte por hambre e inanición, formaba parte de la política estadounidense desde sus inicios. La Ideología Puritana y Calvinista WASP (acrónimo en inglés de blanco, anglosajón y protestante), que presidía y permeaba a las capas basales, conjuntivas y corticales de la sociedad política de los Estados Unidos, ya había servido de programa político, de ortograma imperial depredador, para justificar el exterminio de gran cantidad de tribus, desde el mismo nacimiento de la nueva nación el 4 de julio de 1776. Luego el racismo y después la xenofobia hacia los mexicanos (en cuanto que mestizos y católicos) son parte constitutiva e identitaria de esos Estados Unidos de Norteamérica en formación. Y California como parte formal de este nuevo todo no fue una excepción. Y en California está la ciudad de Los Ángeles, siendo Hollywood inicialmente en 1903 un municipio y en 1910 ya un barrio de la citada ciudad. Recordemos de pasada que Los Ángeles había sido fundada por cuarenta y cuatro españoles en 1781, bajo el mandato del gobernador Felipe de Neve, con el nombre de El Pueblo de la Reina de los Ángeles. A este hecho no era ajena la expedición de Gaspar de Portolá en 1769 y la ingente labor misionera de los franciscanos: fray Crespí y fray Junípero Serra.

Igualmente antes de la invención del cine como espectáculo y negocio, con sus grandes productoras, esa zona costera de California era lugar de retiro de viejos *cowboys*, pero a partir de 1912 y dada la gran benignidad de su clima (muy parecido al mediterráneo), con su gran cantidad de horas de luz que permitía aprovechar al máximo el tiempo en los primeros rodajes cinematográficos, hizo que las compañías dedicadas a la nueva industria del cine pasasen del Este al Oeste de la nación.

Podemos decir que con el director D. W. Griffith (1875–1948) comienza el espectáculo: los rodajes de películas y la pugna capitalista entre productoras, donde se invierte el capital judío, darán lugar a un nuevo imperio dentro del imperio. Hollywood pasará a ser lenta pero inexorablemente la imagen viva de la nación estadounidense tanto o más que Nueva York. Pero en esa realidad, símbolo e imagen que Hollywood va siendo, no faltarán el racismo y la xenofobia en sus guiones y en multitud de estereotipos raciales que conforman la poética (sea cómica o trágica), la mitología y la ideología proyectadas en la gran pantalla y que a su vez se propagan por toda la nación y luego por Europa. California y en concreto Hollywood se convertirán en el sueño de muchos emigrantes (aspirantes a actores, actrices, directores y productores) metidos en el negocio del cine, buscando muchos de ellos un enriquecimiento rápido como unas décadas antes había sucedido con la riada en pos del oro californiano.

Ese racismo explícito al que aludimos tiene al menos tres dianas sobre las que disparar: los negros ya liberados, antiguos exesclavos ahora considerados afroamericanos, pero que malviven en el cinturón de estados que componían el Viejo Sur (*Old South*) en condiciones de total servidumbre e incluso violencia o que trabajan duramente en las fábricas del Norte industrial de forma también paupérrima, las diferentes tribus indias metidas todas ellas en el saco del estereotipo del "indómito salvaje sin alma" que no se ha dejado civilizar (lo que no es más que una burda mentira para ocultar su exterminio) y por último los mexicanos, que son casi siempre tratados con desprecio por su doble condición de mestizos (mezcla de sangre española e india) y de católicos. Si de diferencias sociales tratásemos tendríamos que incluir en esta lista a los irlandeses (considerados inferiores también por su condición de católicos), a los italianos (por latinos y católicos) y a las mujeres, pues éstas por sus sexo fueron también encasilladas en Hollywood en ciertos estereotipos, que sólo con el tiempo irían rompiéndose tras la Segunda Guerra Mundial y la influencia del activismo feminista de origen ilustrado (feminismo de la igualdad).

Tratemos pues de esas tres dianas que acabamos de citar y empecemos por los afroamericanos. Según Donald Bogle y Thomas Cripps[25], que hacen un estudio detallado de la evolución de los estereotipos negros en el cine de Hollywood y de los filmes minoritarios y alternativos producidos por los propios negros, pocos actores afroamericanos, desde los inicios de la cinematografía estadounidense hasta hace tres décadas, pudieron escapar a la interpretación de roles fuertemente estereotipados (racializados), lo cual supone un sometimiento, una forma explícita de opresión, a la ideología WASP diseñada por las grandes productoras. Desde Stepin Fechit hasta Whoopi Goldberg, pasando por Luise Beavers, Sidney Poitier, Harry Belafonte y Jim Brown, habría una lista precisa y concreta de actores negros que se vieron obligados a aceptar, si querían trabajar en Hollywood, roles estereotipados (es decir racistas).

---

[25] Bogle, Donald. Toms, Coons, Mulattoes, Mammies, & Bucks. An Interpretative History of Blacks in American Films. The Continuum International Publishing Group Inc. Fourth Edition. New York, 2004. Cripps, Thomas. Making Movies Black. The Hollywood Message Movie from World War II to the Civil Rights Era. Oxford University Press. New York, 1993.

Tenemos así y en primer lugar la figura (el estereotipo) del *Tom,* del negro bonachón y servil, del "buen negro", por mucho que sea acosado, insultado, azotado y perseguido. Citaremos algunas películas donde aparece claramente este modelo moral: *Confederate Spy* y *For Massa's Sake* (de 1910 y 1911), y la versión de 1927 y de la Universal de *Uncle Tom's Cabin.* Evidentemente en *Lo que el viento se llevó* (1939) podemos ver toda una galería, tanto masculina como femenina, ligada a este estereotipo. Otro modelo es el del *Coon,* que es el del negro como objeto de diversión, como bufón al servicio de los blancos, que admite algunas variantes como la del niño caracterizado de "negrito" (el *pickaninny,* bullicioso, gracioso y lleno de vitalidad) y el viejo *tío Remus*. Al principio de la industria del cine el *Coon* encarnaba a las más bajas y degradantes caracterizaciones del hombre negro. Era alocado, vago e idiota; una criatura subhumana totalmente inútil excepto para perseguir mujeres blancas, comer sandías y robar gallinas. El *tío Remus* es una variante próxima al *Tom*. Es inofensivo, simpático y tiene un aire pintoresco e ingenuo. Se le pudo ver en obras como *The Green Pastures* (1936) y *Song of the South* (1946). Pero incluso en una obra tan crítica y reflexiva como *El hombre que mató a Liberty Valance* (John Ford, 1962), el personaje de Pompey, interpretado por el atleta y actor negro Woody Strode, tiene algo del estereotipo del *tío Remus*, y eso que este actor poco antes y con el mismo director había interpretado al heroico y mítico *Sergeant Rutledge* (*El sargento negro*, 1960), quintaesencia estilizada del *Buffalo Soldier* y que rompía de forma valiente una lanza contra el racismo estadounidense, siempre con una génesis sexual como ahora veremos.

También hay que subrayar a los papeles, siempre racistas, del mulato de vida trágica, precisamente por tener su herencia racial dividida y al más famoso de la *Mammy* (y su variante la *tía Jemima*). Es la mujer negra de la casa de mayor relevancia, pues aunque es sirvienta, tiene una gran independencia, dice lo que piensa y es grande, gorda y de carácter malhumorado en apariencia, pero resuelto. Hattie McDaniel bordó este estereotipo en *Lo que el viento se llevó* (1939) y por eso le dieron el Oscar a la mejor actriz de reparto, siendo la primera afroamericana que asistió a la Ceremonia de entrega de los Premios de la Academia como invitada y no como sirvienta.

Pero quien más fomentó el racismo en el cine fue el ya citado D. W. Griffith, quien en *El nacimiento de una nación*, 1915), presenta el estereotipo del "The Brutal Black Buck", es decir el del negro, macho y brutal, donde su fortaleza e hipersexualidad escandalizan a la población blanca, y aterroriza sobre todo a las mujeres, que le tienen pánico, usándose esto, entre otros muchos factores, para "justificar" la existencia del Ku Klux Klan. La imagen del negro corpulento, brutal y violento, que es siempre en potencia un violador de mujeres blancas, quedará fijada en la retina de los espectadores WASP estadounidenses durante muchas décadas y servirá para justificar infinidad de matanzas racistas en los barrios de las ciudades y pueblos del empobrecido Sur. (Véase

Matar a un ruiseñor, Robert Mulligan, 1962). Largometrajes como *En el calor de la noche* (1967) o lo que se denuncia en *Arde Mississippi* (1988) tienen aún ese aliento de desprecio por los negros, a los que no se les hace ni caso aunque sean agentes policiales, o que en el más profundo y atrasado Sur son objeto de asesinatos bestiales a modo de divertimento y con la complicidad de la policía blanca.

En *Adivina quién viene a cenar esta noche* (1967) también se denuncian los prejuicios raciales, pues la *miscegenetion* (las relaciones sexuales y el matrimonio por mestizaje entre un varón negro y una mujer blanca), fueron un tema prohibido a rajatabla en el código moral de Hollywood (Código Hays que precisamente estuvo en vigor hasta 1967), al igual que en la propia sociedad estadounidense. Hasta esa fecha el cine no hacía más que recoger y reflejar el mismo racismo que existía en los Estados Unidos. Y costó mucha sangre, sudor y lágrimas cambiar poco a poco la situación, tanto en la sociedad en su conjunto como en las producciones de Hollywood. Desde películas como *Tiempos de gloria* (Edward Zwick, 1989), con unos magníficos Denzel Washington y Morgan Freeman, hasta *Criadas y señoras* (Tate Taylor, 2011) y *12 años de esclavitud* (Steve McQuenn, 2013) el camino de lucha contra el racismo vertido sobre los afroamericanos ha sido largo y difícil. Y podríamos citar muchos más largometrajes.

Respecto a la población indígena (las tribus indias) tendríamos que afirmar casi lo mismo. En los primeros westerns, tanto silentes como sonoros, el indio aparece reducido a un ser salvaje y sin alma, una parte más del paisaje que hay que dominar y en el límite exterminar. En *La diligencia* (John Ford, 1939) todavía los apaches acaudillados por Geronimo responden a este estereotipo racista. Sin embargo fue el propio Ford quien inició la dignificación de los indios en *Fort Apache* (1948), senda por la que siguió hasta *Dos cabalgan juntos* (1961, donde se critica explícitamente el racismo que recae sobre una mexicana prisionera liberada que ha cohabitado con un jefe comanche), y *El gran combate* (1964). Los westerns proindios destacan en obras de Delmer Daves como *Flecha rota* (1950) y *La ley del talión* (1956). También hay que citar a las incipientes *Apache* (Robert Aldrich, 1954) y *Lanza rota* (Edward Dmytryk, 1954). El camino por honrar la figura del indio tiene en Hollywood también un largo recorrido en el seno de la esencia del mito del héroe en el Western, sirviendo para denunciar atrocidades del presente estadounidense, como lo fue en su momento la guerra del Vietnam. Tenemos que citar aquí filmes como *Pequeño gran hombre* (Arthur Penn, 1970) y *Soldado azul* (Ralph Nelson, 1970). Tras la saga iniciada por *Un hombre llamado caballo* (Elliot Silverstein, 1970) y *Las aventuras de Jeremiah Johnson* (Sydney Pollack, 1972), pasando por la robinsoniana y relativista cultural *Bailando con lobos* (Kevin Costner, 1990), donde los coprotagonistas son indios lakotas que hablan en su propia lengua, la lista de filmes que dignifican la figura del indio (desde el multiculturalismo, el relativismo cultural y el ecologismo), es larga a la altura de 2023. Baste citar *Hostiles* (Scott Cooper, 2017) entre otras.

Sobre la población mexicana (fueran varones o mujeres) y sobre los mestizos, también se reiteró un fuerte racismo en el cine estadounidense. Nos referimos a que los personajes encarnados por actores mexicanos respondían a estereotipos rígidos y muy poco dignos en general. Tenemos por un lado la figura del mexicano parlanchín, servil y pusilánime, que puede verse en largometrajes como *Horizontes de grandeza* (William Wyler, 1958), a través del personaje de Ramón Gutiérrez interpretado por el actor Alfonso Bedoya. También en *Rio Bravo* (Howard Hawks, 1959) tenemos este estereotipo encarnado por el actor Pedro González. Otro modelo es el del vaquero mexicano orgulloso pero que está siempre al servicio de su amo o capataz anglosajón. Puede verse en *Los implacables* (Raoul Walsh, 1955) o en la caracterización de Gilbert Roland y sus hijos en *La ley de los fuertes* (Rudolph Maté, 1956). También abunda el estereotipo racista del mexicano como bandido traicionero, que puede contemplarse en infinidad de westerns, como por ejemplo en *Río Conchos* (Gordon Douglas, 1964) y *Un hombre* (Martin Ritt, 1967). La mujer mexicana o mestiza tuvo posiblemente su mejor intérprete en Katy Jurado (*Sólo ante el peligro*, Fred Zinnemann, 1952, *Lanza rota*, Edward Dmytryk, 1954) entre otros filmes menores. Pero también hay que destacar a Dolores del Río, buena actriz y mujer de gran belleza, que también interpretó papeles más o menos estereotipados, es decir determinados por el racismo latente en el cine de Hollywood. Se la puede ver en *El gran combate* (John Ford, 1964).

Finalmente mucha peor suerte han tenido los chinos y los japoneses nacionalizados estadounidenses, pues están ausentes de la mitología que es el Western, es decir su presencia es casi nula en el género cinematográfico estadounidense por excelencia. El racismo contra los japoneses puede verse en el excepcional western contemporáneo *Conspiración de silencio* (John Sturges, 1955), donde en una aldea del Oeste el cacique local y sus compinches matan a un japonés pacífico como venganza por el ataque a Pearl Harbor. En esta obra destaca la magistral interpretación de Spencer Tracy, como detective privado manco que desentraña toda la trama asesina. Por último hay que destacar que Clint Eastwood como director y en su obra maestra *Sin perdón* (1992), presenta al personaje de English Bob (al que da vida Richard Harris) como un atildado matón a sueldo del ferrocarril que se dedica a liquidar chinos, cuando estos ya en paro han acabado de colocar las vías de los trenes por todo el país.

En Langreo, Asturias, a 12 de agosto de 2023.

Printed in France by Amazon
Brétigny-sur-Orge, FR